CELO
MINISTERIAL

EL LADO OSCURO DEL EVANGELIO

DR. LUIS RODRÍGUEZ

Celo Ministerial
EL LADO OSCURO DEL EVANGELIO

radiKal
editorial

CELO MINISTERIAL
Fundación doctor Luis Rodríguez, Inc.
© 2019 Primera Edición en español
Editorial RadiKal, 2019
www.editorialradikal.com
Email: info@editorialradikal.com
Canóvanas, Puerto Rico

Diseño Interior: Janeza Pérez
Cel. 787-617-9123
www.codigointimopublishing@gmail.com
Fayetteville, North Carolina

Diseño de Cubierta: Michael A. Santiago
Email: angelomike5291@gmail.com

Las citas bíblicas señaladas se tomaron de la Santa Biblia Versión Reina-Valera, 1960, de la Nueva Versión Internacional (NVI) y de la Traducción en Lenguaje Actual Interconfesional (TLAI).

Si deseas contactar al autor:
www.doctorluisrodriguez.com
Email: doctorluisrodriguez@gmail.com

ISBN: 978-1-7343177-1-8
Categoría: Vida Cristiana
Impreso en los Estados Unidos

Índice

Agradecimientos

Extiendo las más expresivas gracias a *todos* aquellos que un día, haciendo uso de los celos ministeriales, marginaron mi persona y pisotearon mis sueños; a todos esos, muchas gracias porque *ayudaron* a formar mi *carácter* ministerial.

A todos los que vieron en mi persona aquello que yo no podía ver, a ustedes que me levantaron del suelo tantas veces, a todos los que menciono en las siguientes páginas y a los que no mencione, *gracias* por sanar mis heridas en la cueva de Adulam (1 Samuel 22:1-2) y esperar hasta que me hiciera más *fuerte*.

Dedicatoria

Dedico este largo esfuerzo a tantos desconocidos, amigos, pastores y líderes alrededor del mundo en las setenta naciones que he visitado y a muchos más de tantas naciones a las que aún no he podido visitar. Gracias. Me alentaron a publicar.

Al amplio equipo de trabajo de la Fundación Dr. Luis Rodríguez, Inc., porque cada uno de ustedes son un eficaz ayudante de la visión alcanzada y por alcanzar.

A El Lirio del Valle, porque publicar esta obra sin reconocer el esfuerzo de la congregación que he administrado por más de dos décadas, bajo la mirada atenta de El Buen Pastor nuestro Salvador, sería imperdonable. La pasión con la que en tantas ocasiones preguntaron por este momento final de ver el proyecto realizado me impulsó en todo momento a continuar para alcanzar la meta. Ustedes son merecedores de este homenaje, pues, cuando solo existía un sueño, la congregación creyó en su posibilidad. Iglesia amada, gracias por creer, aun cuando las metas parecen imposibles o distantes.

Dedico esta sensación de triunfo al ministro Charlie Luna y a la Rvda. Dra. Dámaris Torres porque sus aportaciones fueron ese impulso final para alcanzar el objetivo. Siempre estaré agradecido.

Finalmente, y no menos importante, dedico este trabajo literario a mi familia, pues me acompaña día a día en esta aventura llamada ministerio. Ustedes son los héroes anónimos de esta historia porque su relación con Dios, apoyo, aliento y amor me proporcionan motivación.

A todos ustedes reconozco en esta dedicatoria.

Prólogos

Pastor y Profesor de Teología
El ministro de la canción, José Ferrer

El doctor Luis Rodríguez nos hace crear conciencia de cómo este tema hace tanto daño a la obra de Dios. Nos muestra el deseo y la tenacidad que vence los obstáculos para cumplir el supremo llamado del Señor. A través de este libro, el autor nos ilustra como sobreponernos en medio del desaliento y las experiencias del desierto de la vida. Además, nos da ánimo, esperanza y motivación para que cumplamos la misión ministerial para la cual hemos sido llamados. Conozco a Luis como cantante, pastor, educador y conferencista por más de veinte años. Es importante resaltar su integridad en la obra de Dios, tanto en el ministerio pastoral como en la enseñanza teológica, sin olvidar sus múltiples viajes al campo misionero. Su experiencia le capacita para tocar temas desafiantes en este tiempo posmoderno.

La frescura de una nueva generación
en las letras del Evangelista José Luis Torres

Muchos, marcados por un llamado, movidos por la pasión de servir y el deseo de ser relevantes, le han dicho sí al llamado de Dios al ministerio sin saber que, en esta santa vocación, en más de una ocasión, se mezclarán en sus mejillas sangre, sudor y lágrimas. Su pasión es amenazada por la frustración que sienten cuando descubren que la realidad de la experiencia es más fuerte que la teoría aprendida en el aula del seminario. Imparten sermones extraordinarios e imponen las manos sobre aquellos que tanto necesitan la oración. Besan y abrazan a todos mientras sonríen, pero muy adentro gritan por auxilio porque han descubierto el lado oscuro del evangelio.

Cuando somos expuestos por Dios, somos vistos por muchos, tanto por aquellos que quieren promovernos como por aquellos que quieren detenernos. Esto multiplica la necesidad de discernimiento, pues nos convertimos en el blanco de muchos con distintas intenciones. En los peores casos, se aprende entre sangre, sudor y lágrimas que los de corazón perverso enamoran usando perfume de elogios. Que no toda puerta abierta es una oportunidad del cielo. Que no todo el que se acerca es una conexión divina. Que no todos procuran ser competentes porque algunos solo saben ser competitivos.

Sin lugar a dudas, servir en esta santa vocación es uno de los mayores privilegios de la vida, pero, como todo privilegio, conlleva una gran responsabilidad: exige el carácter de Cristo. "Más como Jesús", debería ser el objetivo de todos cada día. El carácter de Jesús no solo lo vemos en lo que los evangelios nos cuentan de él, lo vemos mejor, aun en Gálatas 5 en los frutos del Espíritu. El Espíritu Santo, día a día, va formando en nosotros el carácter de Jesús; y el carácter de Jesús en nosotros es lo que el apóstol Pablo llama los frutos del Espíritu. ¿Sabes qué *no* forma parte del carácter de Jesús? *El Celo.*

Sí, hay un lado oscuro del que pocos hablan; ignorarlo no disipa esas tinieblas que deben ser combatidas.

En tus manos tienes, como producto final, enseñanzas que fueron aprendidas con sangre, sudor y lágrimas. Tus ojos serán abiertos a una realidad que, por ser ignorada por muchos, ha logrado detener a tantos con potencial y propósito en Dios.

Seas aspirante al ministerio o ministro experimentado, te sentirás identificado como si cada palabra hubiese sido escrita solo para ti. En esta aventura literaria, vivirás cada experiencia junto al Dr. Luis Rodríguez. Sentirás los mosquitos de la jungla cuando lo acompañes a las misiones, te identificarás con la pasión de vivir el sueño de Dios y la frustración de que no le vieran como se sentía. Serás sanado. Si fuiste víctima del celo, serás libre. Si vives cautivo de él, o si aún no lo experimentas, te preparará para enfrentarlo efectivamente.

Ministerio Todavía Hay Poder de Dios
Evangelista José Luis Hernández

Muchos comparten conmigo el conocimiento del llamado, trayectoria y arduo trabajo en el Reino de Dios del Dr. Luis Rodríguez, tanto en Puerto Rico como en las naciones. Sus experiencias desde muy joven en el ministerio y la sabiduría que Dios le ha dado han quedado plasmadas en este libro que enriquecerá tu vida. Como hijo de pastor y evangelista; en medio de la lectura de varios de los capítulos, me sentí identificado con la trayectoria de este compañero, al ver como Dios le ilumino para sacar a la luz la realidad que se vive al presente. Este libro es una gran herramienta que te ayudara a conocer y enfrentar los diferentes procesos que se viven en la vida ministerial y pastoral ante un nuevo siglo.

Pastor iglesia Tabernáculo Familiar
Tf Church, en Columbus Ga.
Cantautor Leif Espinosa

Lo podría llamar **el removedor de velos**. No un velo que se encuentra sobre nuestros ojos, sino el más peligroso de todos, el que sin saberlo se puede encontrar sobre nuestros corazones.

Desde la primera pagina viajaras juntamente con el autor a través de cada palabra escrita logrando entender que para cada enfermedad siempre habrá un antídoto, para cada condición siempre habrá un tratamiento distinto, como para cada momento en la historia de la esclavitud existió un libertador conocedor de los tiempos. Muchos hemos logrado salir de allí, pero existen tantos que han permanecido en ese lado oscuro, luchando con lo que esto produce en sus adentros llegando a operar desde ese lúgubre lugar como si ese hubiera sido su destino. Veo la responsabilidad y necesidad de dar a conocer a las generaciones nuevas que se levantan el no estar ajenos de esta verdad que desenmascara a un asesino de propósitos y diseños divinos. **Celo Ministerial, El Lado Oscuro del Evangelio**, es un libertador que conoce este tiempo y nos lleva a reconocer que la demanda del cielo sobre el sacerdote, juez y profeta Samuel sigue vigente sobre cada uno de aquellos que forman parte del liderazgo de hoy y de mañana. Es cierto que la curiosidad por la obra de Dios nos llevara siempre a operar como hijos y no como esclavos de sistemas religiosos seducidos por actitudes alimentadas por el egocentrismo u oprimidos por la ausencia del desarrollo del carácter adecuado; por causa de experiencias traumáticas que produjeron heridas en el alma.

A través de este libro seremos confrontados llegando a ser transicionados, introducidos, establecidos y afirmados a no abrazarnos a lo pedido a Dios por los hombres sino a lo amado por Él, defendiéndolo y valorándolo. Desde el lado oscuro, pero mirando con la iluminación divina, creo fielmente que este libro servirá de bálsamo y enfoque a aquellos que se encuentran enfrentando ese lado oculto del evangelio.

Dr. Rvdo. Joaquín Romero
Pastor Administrador del Centro de Fe
Buenos Aires, Argentina

El ministerio internacional de Luis Rodríguez es una bendición para todo el cuerpo de Cristo y en este libro usted será inquietado a tomar decisiones que cambiarán su destino. Su mensaje, por cierto, profundo, bíblico y rico en ilustraciones le provocará salir corriendo a un nuevo altar de consagración y quebrantamiento. Le ayudara a superar todos los obstáculos para no ser una victima del celo ministerial. ¡Prepárese para vivir una nueva temporada en Dios!

Antes de empezar

El celo ministerial es una realidad dentro del pueblo que dice estar consagrado a Dios. Esta realidad empaña el crecimiento de muchos en la viña del Señor. El llamamiento de Dios continúa siendo una realidad en medio del pueblo, aunque la visión actual de muchos líderes conciliares y hombres que se hacen llamar a sí mismos ministros de Dios es la de entorpecer y opacar el deseo de aquellos que desean ser iguales a ellos. Pues, al parecer, creen que el imperio que han levantado es para enaltecer sus nombres propios y no para que Dios sea glorificado. Ministros de altares que se han apartado del miembro de la congregación, pues se sienten tan santificados que ya no pueden confundirse en un abrazo con su hermano. Celos, envidias y contiendas ministeriales. Un mundo que pensé no existía, pero sí, es real.

Cuantos se encuentran hoy derribados o tal vez hasta destruidos por alguien que un día mató ese deseo de trabajar para Dios. He escuchado en varias ocasiones por muchos compañeros que la iglesia de Jesucristo es el único ejército que mata a sus propios soldados. Esta es una dolorosa realidad.

Mi intención es demostrarte cómo pude vencer la adversidad logrando alcanzar las promesas que me hiciera el Padre Celestial. Por esto, ruego a Dios en oración que utilice este libro para ayudarte a tomar la decisión de ser parte del ejército que derribará la gran muralla del *Celo Ministerial*.

Si estás dispuesto a ir a la batalla y pelear, te invito a que me acompañes a través de estas páginas porque te mostraré el lado oscuro de la vida ministerial.

Rvdo. Luis Rodríguez, Ph.D.

Te haré entender

y te enseñaré el camino en que debes andar;

Sobre ti fijaré mis ojos.

Salmos 32:8

CAPÍTULO 1

El Llamado

Jamás olvidaré aquella noche en que vi la grandeza de Dios. Allí estaba, frente a mí, aquella silueta que parecía perderse en medio de la oscuridad de la noche. Era apenas un preadolescente. Mi corazón palpitó fuertemente, mis manos se enfriaron con rapidez y parecía que mis piernas no podrían sostenerme más cuando escuché aquella voz hermosa e indescriptible que me dijo: "Tengo un mensaje para ti del Todopoderoso". Era un ángel y casi no lo podía creer. Me es prácticamente imposible poder recordar el mensaje de Dios con plena exactitud, aunque la esencia de este está perfectamente grabado en mi recuerdo.

El Todopoderoso presentaba sus promesas para mí que, en mi ignorancia infantil, percibía que no eran posibles de realizar. Pensé en que mis padres no eran pastores, misioneros o líderes conciliares. Simplemente, eran Sergio y Maritza, los hermanitos de la iglesia Pentecostal de Jesucristo; y yo, tan solo uno más en la congregación. Mas Dios puso sus ojos sobre mí y decidió que sería su instrumento.

¡Ay! ¡Cómo olvidar aquellas promesas! Aunque con duda, las palabras del ángel del Señor cautivaron toda mi atención, pues describían a un Luis Rodríguez que yo no conocía, pero estaba a punto de conocer.

¿Por qué a mí?

Era la única pregunta que afloraba en mi pensamiento y no encontraba una respuesta que llenara las expectativas de la misma. Aquella noche, les narré con gran euforia lo acontecido a mis padres y, luego de un breve silencio, pregunté: "¿Por qué a mí?" Mamá, sentada en la cama con sus ojos aturdidos por el sueño, me miró detenidamente. Tu pregunta solo la puede contestar el Señor, respondió. A pesar de esto, te aconsejo que jamás vuelvas a preguntarle por qué. Por el contrario, siempre dile a Dios *sí* y no te cansarás de ver la mano de él obrar en tu vida.

Esta era la primera confirmación de Dios desde la primera vez que me profetizó el Reverendo Félix Castro, pastor de la 1ra Iglesia Bautista de Carolina, cuando apenas tenía tres años. Me tomó de la mano y mirando a mi mamá le dijo: "Mire bien a este niño porque Dios lo ha separado para ser pastor; tómelo de la mano porque el que usted toma de la mano hoy, la tomará a usted de la mano mañana, pues este niño la pastoreará". El Reverendo Félix Castro fue el primer profeta que el Espíritu Santo utilizó para publicar el llamado al Santo Ministerio que el Padre Celestial había destinado.

Esta es la historia según el recuerdo de mi señora madre, María Isabel Torres González

¡Cuán grande es y digno de ser alabado! Él cuida de nosotros, aun cuando no lo conocemos. Cuando mi hijo tenía nueve meses de nacido, conocí a Dios y, unas semanas más tarde, le presenté a mi hijo, en ceremonia de consagración, a mi Salvador. Ya Dios tenía propósitos con él y no lo sabía. Como él señala, tenía tres añitos cuando estaba en una tienda de artículos para el hogar y se separa de mi lado. Al buscarlo, lo veo venir de la mano de un hombre que no conocía. Era el pastor de la iglesia Bautista del pueblo de Carolina como él mismo se identificó. Fue un hombre muy agradable, humilde y lleno de Dios. ¿Es su hijo?, me preguntó. Y, al contestarle afirmativamente, él dice: "Este niño será pastor". Me sonreí y no le di mayor importancia a la palabra de Dios que me profetizaba. Así pasó el tiempo y no volví a recordar sus palabras hasta muchos años después.

Ese niño, a la corta edad de seis o siete años aproximadamente, en un culto, cuando hacen el llamado a conversión, me preguntó, ¿mamita, puedo pasar al altar a convertirme? A lo que respondí que sí inmediatamente. Sin esperar más, se levantó y solito caminó y se arrodilló allí frente al Dios que lo había separado. Fue algo más que un impulso de niño porque allí lloró y repitió la oración; una convicción que reflejaría en los siguientes años. Desde ese entonces, demostró interés por todas las cosas que se realizaban en la iglesia.

Le gustaba la Escuela Bíblica y, cuando asistíamos al culto, no era como los otros niños: se sentaba solito en la primera banca, cantaba y alababa al Señor. En el tiempo de la predicación, estaba bien atento. Le gustaba jugar haciendo cultos. Siempre interpretaba al pastor y se predicaba a él mismo mientras yo le observaba desde algún rincón lejano. No pensaba en que era Dios mismo en ese proceso de preparación para el ministerio. Desde bien jovencito, empieza a predicar y a hacer viajes misioneros. Su pasión por la obra de Dios combinada con su amor por las almas crecía cada vez más a pesar de los obstáculos que muchos, con mala intención, colocaron frente a él.

Cuando llegó el momento del llamado pastoral en propiedad, a sus veintitrés años, me sentía muy nerviosa y preocupada, pues sabía la responsabilidad tan grande que Dios colocaba en sus manos. Dime si este es el momento en que le has llamado, le preguntaba a Dios en oración. Aún en este tiempo, no recordaba la profecía de la niñez. Que gran sorpresa. Inmediatamente respondió a mi pregunta de manera afirmativa. Desde entonces, veintitrés años han pasado y aún continúa siendo mi pastor. Dios lo miró, lo separó, lo llamó, lo dotó con sabiduría y gracia haciéndolo un gran ministro del evangelio que refleja su compromiso con la grey, el evangelismo y el campo misionero. Ama a todos a su alrededor de una manera que, aun siendo su madre, no puedo entender porque lo hace hasta con aquel que no lo ama o le ha causado algún daño. No tengo como más explicarlo que no sea que su gran amor y su mejor amigo es Dios.

Hoy, mirando al pasado, recuerdo las maravillas de Dios y me siento honrada, agradecida y feliz de ser parte de la vida de Luis Alberto Rodríguez Torres. Conocer aquellos anhelos que siguen creciendo en su corazón, estar presente en sus logros y desaciertos, en sus victorias y derrotas, me hacen recordarle cada día aquello que desde su niñez le he dicho: "La gloria es de Dios". Nunca lo olvides, hijo mío.

Aunque este libro resalta las vivencias ministeriales del primogénito de mi vientre, la verdad es que no quiero terminar sin dar gracias a Dios por la dicha de ser madre de dos hermosos hijos a los que amo con todo el corazón: Luis y Javier Rodríguez Torres. Ellos son los responsables de hacerme amar profundamente el milagro de la maternidad.

La búsqueda del cumplimiento

A diario, escucho mucha gente que hace alarde del llamado de Dios a su vida, aunque viven en una actitud pasiva donde solo esperan que el ministerio descienda del cielo. Son huesos secos esparcidos en el valle de la indiferencia. Indiferentes a la responsabilidad y consagración que exige este llamamiento santo. Otros contemplan las batallas a las que se enfrentan aquellos que respondieron al grito de guerra y se convierten en soldados derrotados sin haber estado en el campo de batalla.

Consumiéndose así en la frustración de su cobardía. Necesitamos unos cuantos soldados con el temple para ser llamados ministros del Altísimo. Hombres, mujeres, niños, ancianos y jóvenes llenos del poder de Dios para hacer su completa y absoluta voluntad. El llamado puede ser el primer paso del comienzo o el primer paso del final.

Te puedes levantar como Ezequiel porque Jehová quiere hablar contigo (Ezequiel 2:1) o puedes sentarte en una silla junto al camino como lo hizo Elí (1 Samuel 4:13) ciego, gordo, viejo y muerto espiritualmente; perdido en el valle de la indiferencia. Yo decidí imitar al profeta Ezequiel cuando emprendí la búsqueda del cumplimiento. ¿Qué harás tú?

La duda de los demás

Sin darme cuenta, había dado el primer paso hacia lo desconocido. Era un adolescente con grandes inquietudes. No sabía a quién recurrir. No conocía lo que era el servicio al Señor. Solo sabía que él me había llamado. Pero esta realidad que conocía no era compartida por muchos, pues se me miraba como ese niño inexperto que solo servía para cantar una alabanza en el devocional. No tardé demasiado en darme cuenta de que muchos no podían aceptar el llamado de Dios a mi vida. ¿Qué habría ocurrido si hubiera aceptado la duda de los demás?, pienso algunas veces. Realmente, no lo sé. Hoy puedo dar gracias porque acepté el llamamiento que me hiciera. Agradezco el mirar al invisible en todo momento. Él fue el que me dio las fuerzas para lograrlo, pues reconozco que sin *él* nada soy.

La duda de los demás no puede ser excusa para no creer en ti mismo. Si no tienes confianza en ti como persona, jamás pretendas obtener el respaldo de otros en tu vida. No pierdas, pues, tu confianza que tiene grande galardón porque "te es necesaria la paciencia, para que, habiendo hecho la voluntad de Dios, obtengas la promesa" (Hebreos 10:35,36).

Miedo de pedir ayuda

"El hombre es intolerable para con su prójimo. Esta es la regla general de la humanidad", decía un predicador en una ocasión. Esta falta de conocimiento nos lleva a menudo a no reconocer las virtudes de otros a nuestro lado. En el peor de los casos, hasta destruir una vida por no reconocer su potencial a tiempo. Fueron muy difíciles esos primeros pasos. La intolerancia de los hombres me llevó a esconder mi deseo de aprender, pues todos se veían tan capacitados y tan lejanos como para poder descender hasta el nivel de aprendizaje en el que me encontraba. Nadie se veía en la disposición de ayudar. Aquellos que percibieron mi deseo de aprender dejaron un sabor amargo de desaliento en mi corazón. Estaba cansado de escuchar no tengas prisa, estás empezando, tienes mucho que aprender; y, la más célebre de todas: estás en el primer amor. Así que, decidí hundirme en el silencio y esperar. Sin saber lo que esperaba porque el miedo de pedir ayuda fue más grande que el deseo de aprender.

Analiza sin copiar... sé tú mismo

No saber qué estaba esperando era desesperante. No conocer de dónde llegaría la ayuda ansiada, me desconcertaba más. El tiempo pasó muy despacio. Entonces, llegó lo que tanto anhelaba. Aquella tarde, mi amiga Maritza Encarnación, una joven llena de interrogantes, pero con grandes deseos de triunfar como yo. Me hizo un gran obsequio que aún conservo. Era un pequeño librito que llevaba escrito en su portada "Manual para el joven predicador". Allí encontré una frase que me cambiaría la vida. Algo tan simple abrió mis ojos para siempre. Mi Dios obra por senderos misteriosos. "Analiza sin copiar... sé tú mismo". ¡Sí!, esta era la clave.

¡Qué verdad más cierta! Aprende de los demás, pero sigue siendo tú mismo. Era más sencillo decirlo que hacerlo. Aun así, lo pude lograr. No es imposible que tú también lo logres. No hay nada más hermoso que ser tú mismo. Aprendí a motivarme con las experiencias de otros, pero muy pronto comencé a desear tener mis propias experiencias con Dios. Ya sentía la necesidad de algo más.

Es probable que hoy te encuentres pasando por la misma situación que yo. Te invito a que luches en contra de la corriente. No te conviertas en uno más. Sé tú mismo, encuéntrate con el hombre del camino de Emaús. No imites a los hombres, imita al Dios de los cielos. No hay nada más desagradable para un ministro que el sentirse intimidado por la imitación. Es como sentir que tu propia imagen, la que se refleja en tu espejo, sale del anonimato para buscar un espacio en la vida que ya alcanzaste tú. No tienes que ser muy astuto para darte cuenta de que no pueden existir dos en el mismo espacio. No tomar en cuenta esta realidad conlleva tener que modificar la personalidad para no herir al imitador.

No existe clave alguna para el ministerio. Todos debemos pasar por el mismo principio: *comunión con el Creador*. La raíz de este problema lo es la falta de identidad propia de nuestros jóvenes y el temor a fracasar siendo ellos mismos.

Necesidad de superación

Era uno de esos días aburridos del verano. Lo único que hacía era pensar. Buscaba sin éxito respuestas a mis preguntas, cuando recordé que la hermana Dámaris Torres es una excelente profesora de colegio bíblico. Ella enseña a los adultos a predicar. Es mi vecina y siempre está orando. Alguien que está tan cerca de Dios tiene que entender lo que siento. Al menos, eso pensé. De inmediato, me presenté en su hogar. Respiré muy, muy profundo. Hermana Dámaris, ¿por qué no predico tan bien como usted? Ella sonrió y me respondió que la experiencia hace al maestro. ¿Puede enseñarme a predicar mejor?, le pregunté. Ella me miró de la manera en que tantos otros me habían mirado en el pasado. Ni ella puede ayudarme, pensé. Cuán grande fue mi sorpresa cuando ella me respondió. La homilética es la clave, afirmó.

¡Fabuloso! La clave es la homilética. Pero ¿qué es la homilética? En palabras muy sencillas, ella me explicó que es el arte de la predicación. Esta es la diferencia que notas en tus predicas y las de otros. Es la manera de organizar el mensaje de Dios para los hombres. Escuché con tanta atención lo que me decía que no quería perder ni un pequeño detalle; esto era lo que estaba buscando y al fin lo encontré. No podía esperar, ansiaba la oportunidad de predicar para poner en práctica lo que la hermana Dámaris Torres me había enseñado. Mi vida había tenido un crecimiento palpable aquella tarde.

Con Dios está la sabiduría y el poder;
Suyo es el consejo y la inteligencia.

Job 12: 13

CAPÍTULO 2

Preparación Teológica

H ace varios años, me encontré rodeado de un grupo de llamados ministros que alardeaban de su gran conocimiento en las escrituras mientras algunos jóvenes escuchaban atónitos las experiencias de estos. Me acerqué a uno de estos jóvenes, le tomé de la mano y, refiriéndome a todo el grupo, dije: "No podrá nunca el poder y la unción del Espíritu Santo ser remplazado por el conocimiento de la humanidad".

Este es un hecho que no se toma en cuenta en nuestra actualidad. Hoy los hombres desean sobresalir por su conocimiento teológico más que por ninguna otra cosa. Ya no se les llama pastores o **reverendos,** ahora son doctores en teología; no son ya ministros consagrados a la alabanza, ahora son llamados artistas cristianos. Su ego personal les ha cegado el entendimiento. ¿Acaso la gloria les pertenece a los hombres o le pertenece a Dios?, ¿Podrá la iglesia estar tan dormida como para no darse cuenta de la realidad que vivimos hoy?, ¿Dónde están aquellos que dicen ser llamados por Dios?

Este es el tiempo de levantar la voz más alto que nunca. Aunque la verdad sea una virtud perseguida, lucha tenazmente por ella. La verdad no es sinónimo de conveniencia personal. No podemos mencionar lo que nos conviene y lo que no, dejarlo a un lado. Se estremecen los cimientos del evangelio por causa de una iglesia que no tiene el valor de señalar las fallas de ministros que han olvidado la importancia de darle gloria a Dios y reconocer que la sabiduría procede de lo alto.

Fueron muchos los obstáculos que enfrenté en esta etapa de la vida. Dámaris Torres era directora de uno de los colegios bíblicos del Concilio Pentecostal de Jesucristo en Puerto Rico. Ella vio aquel verano de 1989 lo que nadie más pudo ver. Aunque mis padres entendían que era un tanto prematuro estudiar teología, Jehová había puesto sus ojos sobre mí.

El gran reto

La escuela superior y el colegio bíblico... terminando descubrí la importancia de la unción.

Era mi primer año de escuela superior y estaba lleno de temores ante el reto del curso vocacional que había seleccionado (dibujo arquitectónico). Además, debía aprobar las clases generales. Con grandes temores, pero firme ante lo desconocido, decidí que no me rendiría en el camino. Son solo tres años, solo tres años, así me repetía una y otra vez. Era agosto del 1989, comenzaba a cursar mi décimo grado en la escuela superior Luis Hernaiz Veronne de Canóvanas. Simultáneamente, cursaba mi primer año de instituto bíblico en el Concilio Pentecostal de Jesucristo en las facilidades de Carolina. Me encontraba bajo la advertencia de mi señor padre quien me enfatizó que si no tenía buenas calificaciones en la escuela no podría seguir estudiando teología. Era una amenaza real, pues, a fin de cuentas, él respondería por los gastos que requerían estos tres años de estudios.

Decidido ante la amenaza que implicaba la advertencia de mi papá, no me percaté de lo que realmente sucedía: me estaba haciendo adulto sin entenderlo. Era la primera ocasión en que no pensaba en rendirme. Por el contrario, tenía tantas ansias de aprender para poder aplicar lo recibido en la predicación y la enseñanza.

Es muy difícil olvidar aquel primer día de clases porque, mientras me encontraba lleno de ilusiones, sueños e interrogantes, aquellos quienes serían mis compañeros me veían muy diferente a como me sentía. Para ellos era el nene ignorante que haría preguntas tontas y no debía de estar allí. Las bromas, los sobrenombres y las miradas mal intencionadas me asustaban y me confundían. Así que, necesitaba pasar desapercibido mientras pudiera; y, en silencio en una de las esquinas del salón, atesoraba cada palabra, cada capítulo y cada comentario de los profesores. Al menos, así fue al comienzo.

Tuve excelentes profesores, pero también enfrenté aquellos que me discriminaron por la corta edad. Difícil fue, pero imposible, no. Cada situación me enriquecía y cada examen me dejaba el sabor del conocimiento y la alegría de una buena nota. Aquel profesor, a quien llamaré el profesor "M" para proteger su identidad y no dañarle, siempre se refirió a mí, con tono burlón y mirada de menosprecio, como el nene del cuido. Difícilmente, respondía mis preguntas y si lo hacía, terminaba haciendo ver que no estaba de acuerdo con que a mis quince años estuviera estudiando en esa institución. Pero, claro ésta, según sus palabras, era el protegido de la directora Dámaris Torres, quien rompió las reglas para que pudiera estudiar.

Deseo que comprendas que, en el camino de la formación ministerial, no todos te verán cómo te sientes.

En la trayectoria ministerial, siempre encontrarás quien se comporte como un Saúl lleno de enojo y asustado no por lo que eres, sino por lo que serás. Otros se desenfocarán del niño sudado, lleno de tierra, que huele a ovejas y canta con su arpa en la soledad de la pradera para declarar con extrema seguridad "este es el escogido de Dios" (1 Samuel 18:11). Muchos no entenderán por sus mentes carnales la dirección en el plan del Creador. No es tu trabajo convencerlos, ese es el trabajo del que te llamó. Así que prepárate porque él cumplirá su propósito. Creerlo depende solo de ti.

Cada clase, cada asignación, cada examen me enseñaban algo nuevo que me enamoraba más de Dios y de sus propósitos. Sabía que eran pequeños pasos, pero cada pequeño paso me acercaba a alguna parte del camino, más lejos de donde partí y más cerca de la voluntad del Soberano.

No conocía cuál era esa voluntad o ese final del camino, pero no me rendiría porque me había cansado de no hacer nada. Deseaba algo más y ese algo más no estaba lejos de las dificultades que enfrentaba. Ese algo más estaba sobrellevando las dificultades que me rodeaban. Así que me repetí miles de veces *no me rendiré, lo lograré*.

Ante esta realidad, convertí mi sueño en una visión y la visión en una meta. Sí, claro que evolucionan los sueños. ¿No sabes cómo?

Te enseñaré a hacerlo. Primero, cree que es posible tu sueño y se convertirá en visión. ¿Qué es una visión? Es un sueño que ahora compartes con Dios y desde el momento en que establezcas un plan de acción a corto plazo, la visión dejará de ser visión para convertirse en una meta.

Mi meta era la graduación del instituto bíblico. Eso pensé, pero no era así. Ya Dios conocía mi sueño y transitaba en el camino de la visión. Era muy joven para entenderlo, pero al guiar mis pasos, Dios tenía cuidado de mí. Una vez tu sueño se convierta en visión, entenderás que tu meta ya no es más tu meta, sino la de él. No conoce el hombre los designios de Dios, aunque se encuentre profundamente sumergido en su absoluta voluntad; aun allí, solo verá parte del plan, pero nunca podrá predecir hacia dónde va con exactitud. ¡Imposible entenderle!

Finalmente, llegué a lo que pensé era mi meta. Era el verano de 1992, me graduaba del cuarto año de escuela superior y de mi tercer año de instituto bíblico. ¡Qué alegría! Dos graduaciones y dos diplomas. Allí descubrí que las metas que me propongo se convierten en el punto de partida de la nueva dirección que el Arquitecto de este Mundo escogió para mí.

Mientras pensaba al fin llegué, el Soberano decía ahora es que comienzas.

La graduación, en el pueblo de Yauco, había terminado. Todos se felicitaban y se despedían, cuando me preguntan: "¿podrías dar la clase de evangelismo personal a primer año en el instituto el próximo mes de agosto?" Estos son los momentos en que nos llenamos de preguntas, aunque existe una sola respuesta. Él honra a los que le honran. Sin saberlo, mi respuesta determinaría la dirección que tomaría mi vida y mi afirmación positiva me llevaría a enseñar junto al profesor "M" en el lugar de mi sacrificio y de mi aflicción. El Todopoderoso abriría caminos en el desierto y estanques de agua en mi sequedal (Isaías 43:19).

El profesor "M" no estuvo muy contento con el nuevo colega, pero allí estaba aquel que no merecía tomar clases de teología dando sus primeros pasos con dieciocho años como profesor del mismo instituto bíblico que me abrió las puertas para estudiar. Ahora repetía la historia brindándome mi primera experiencia como profesor. ¡A Dios sea la Gloria!

Estas son las memorias y punto de vista de la Rvda. Dámaris Torres.

Era el verano de 1989 cuando me dirigí a Sergio Rodríguez, papá de Luis, porque comenzarían las clases del Instituto

Bíblico en agosto. Recuerdo que oraba por este jovencito de apenas quince años, pues había observado en él algo diferente. Un joven criado con valores cristianos y que, además, perseverábamos en la misma iglesia. "Luisito", como le decíamos, era parte de mis pupilos de la Escuela Bíblica Dominical.

Era un tanto fuerte y ciertamente difícil, siendo también vecina de la familia. Recuerdo una tarde cuando su mamá llorando desesperada me dijo: "Luis se fue de la casa, se fue en la bicicleta". No le pregunté por qué se fue, sino por dónde se fue. Dirigida, salí corriendo (literalmente) hasta encontrarlo. Traté de convencerlo para que regresara y gracias a Dios, aunque él no quería, logré que lo hiciera. Esa tarde, ya en su habitación, tuve un diálogo con él. De alguna manera, existían heridas profundas en su interior. Era el momento preciso para actuar, esta era la oportunidad, el momento de Dios. Confiada le dije que si aceptaba mi ayuda y asintió. Luego (guardando la confidencialidad, hablé con Maritza, su mamá, para ayudarlo). Sabía que Dios había fijado sus ojos en él.

Aquella experiencia provocó en mí el deseo de cuidarle y de alguna manera ayudarlo a enfocarse y dirigirse hacia Dios correctamente. Mientras unos veían en él un chico orgulloso, voluntarioso e indomable, yo veía la oportunidad más grande para redirigir su vida bajo el Espíritu Santo. Del evangelio, aprendí que Cristo salva, sana, bautiza y viene otra vez. Sabía que el Señor podía hacer de él un vaso útil. Solo habría que sanarlo, restaurarlo y ayudarle a encontrar la pasión que haría de él un verdadero discípulo del Señor.

Así que, en aquella conversación con don Sergio, le pedí que me dejara ayudarlo y que autorizara que pudiera estudiar en el instituto bíblico "La Peña de Horeb", centro extramuros de Carolina, donde, por la gracia inmerecida de Dios, era la directora. En la negativa, tuve que hacer varios acercamientos a él y no fue tarea fácil, pues no creía que pudiera aprovechar ese tiempo. Por otro lado, me enfrentaría a los requisitos de admisión. En mi perseverancia e insistencia, sabiendo que su edad no le calificaba, me acerqué al Director General, el Rvdo. Dr. Rafael Torres Rivera, así como a nuestro pastor, el Rvdo. Víctor Ríos Rojas. Les expliqué la situación del jovencito y advirtiéndoles que era prometedor. De esta manera buscaba su aval.

Habiendo conseguido la autorización del Director General y el aval del pastor, me correspondía insistir con don Sergio Rodríguez quien, gracias a Dios, al fin lo autorizó. Aún lo recuerdo. Bueno, hermana Dámaris, si usted cree que puede, usted se hace responsable, me advirtió. Haciéndome responsable le respondí: "Pues claro que sí, usted no sabe lo que Dios tiene con él. Ya verá". Era verano de 1989 y comenzaría a escribirse la historia para un joven que lo único que había que hacer con él era creer, brindándole confianza y darle entusiasmo, afirmando su vida y sus sueños con la palabra de Dios. En ese mismo tiempo, comencé a pastorear la iglesia Pentecostal de Jesucristo del Bo. Canta Gallo de Juncos y cesarían mis funciones en el Colegio Bíblico ante el reto ministerial que me esperaba.

Luis Rodríguez Torres, ante nuevos horizontes, tendría mayores retos y desafíos. Ciertamente, su juventud para muchos representaba falta de experiencia e ignorancia. Igual que el maestro Jesús de Nazaret lamentó profundamente la ausencia de visión, actitudes de rechazo y celo ministerial de muchos líderes. Él dijo: "En la cátedra de Moisés se sientan los escribas y los fariseos. Así que, todo lo que os digan que guardéis, guardadlo y hacedlo; mas no hagáis conforme a sus obras porque dicen y no hacen." (Mateo 23:3).

¿Hace ruido un árbol que cae cuando no hay nadie para escucharlo?

Tres grandes filósofos Locke, Berkeley y Hume, expusieron sus puntos de vista. Cada uno contestaría algo totalmente distinto.

1. Para Locke, la respuesta habría sido un sí rotundo.

2. Para Berkeley (quien primero formuló la pregunta tal y como la conocemos) habría ido al polo totalmente opuesto afirmando que no solo no habría hecho ningún sonido al caer, sino que ni siquiera el árbol existiría.

3. Hume, conciliador, diría que no podríamos llamarlo sonido sin un ser humano que pueda oírlo.

Luis Rodríguez necesitaba ser oído y Dios colocó cada pieza en su lugar para que así fuera hasta el presente y más allá.

Valoricemos las palabras de Sir Winston Churchill (30/11/1874 – 24/01/1965) a quien, aun habiendo repetido tres veces el octavo grado, ya en el epílogo de su vida, con su bastón, su sombrero de copa y marcado su rostro por la huella de los años, nos pareciera escuchar pronunciar en la Universidad de Oxford el discurso más elocuente antes escuchado: "¡Nunca se rindan! ¿Imposible entender la manera de obrar de Dios? Imposible. Él es el dueño de la obra, pero nuestra labor es no rendirnos nunca". (Salmos 32:8).

Rvda. Dámaris Torres Cruz, D. Min.
Sierva de Jesucristo, pastora I.P.J.M.I. Inc.
Villa Esperanza 1, Carolina, Puerto Rico.

Sin importar lo que eres o lo que antes fuiste, confía en el Dios de lo imposible porque te espera algo mejor. Necesitas aprender a soñar con lo inalcanzable por ilógico que esto parezca.

Génesis capítulo 37 describe la historia de un joven adolescente quien pierde el amor y el cuidado de su padre terrenal al mismo tiempo en que pierde los besos y las caricias de su madre. Ya no tiene más fiestas de cumpleaños ni días de descanso en la comodidad de su habitación; se acabaron los consejos y la mano protectora de mamá y papá. Sí, su nombre es José, el soñador. Exiliado por sus hermanos, sufrió con paciencia el castigo inmerecido por una visión compartida fuera de tiempo o tal vez en el tiempo preciso. ¿Quién conocerá los designios del Soberano Dios? Aunque fue despreciado por sus hermanos, es amado por su Padre Celestial. En cada ocasión en la que abrió su boca, fue aborrecido por sus palabras, pero honrado por sus visiones. Lanzado en una cisterna con la intención de que muriera, no hubo nada que enfriara la determinación de su corazón, que impidiera sus sueños o su comunión con el Dios de la visión. Todos en algún momento deseamos ser alguien que logre sus metas, sueños e ilusiones. Tristemente, para muchos esa ambición ha sido destruida por alguien más o por ellos mismos.

José tuvo un sueño que parecía muy egoísta para los demás. La manera en que se cumpliría estaba fuera de su control. Es vendido como esclavo y comienza su formación. Comprado como sirviente, fue hombre prospero en la tierra de su aflicción. Falsamente culpado, pero Dios estuvo de su lado; en prisión abandonado por el copero del Faraón, pero Dios estaba con él. Así aprendió del sufrimiento que el verdadero éxito y la transcendencia provienen de un espíritu humilde y quebrantado.

Simplemente sé empático con este joven que está en prisión por falsos cargos. Es la mejor y peor época de tu vida, entonces eres olvidado por los únicos que podrían ayudarte a salir.

¿Acaso no tendrías días de desaliento y depresión? José debe haber experimentado enojo y autocompasión. A pesar de haber mantenido un espíritu de excelencia en medio de la crisis, José tuvo todas las condiciones y circunstancias necesarias para odiar a la humanidad. ¿Quién tendría el valor para juzgar a este inexperto si hubiera decidido odiar?, ¿Qué decidirás ante la dura adversidad que te ha tocado vivir?, ¿Odiar?

No, no lo hagas. Cada adversidad complementa tu desarrollo y formación ministerial. Nunca las cosas ocurren porque sí, siempre hay un valor que apreciar, aun en las cosas más negativas de la vida. Así que, sigue soñando, independientemente de tus circunstancias o de las personas con las que trabajas. Cuando los que te rodean hagan cosas malas para herirte, aprende a manejarlo. Perdiendo puedes ganar y las cosas te resultarán para bien. Simplemente, debes ser fiel dondequiera que te desempeñes, ya sea en la prisión o en el palacio. Algún día, las buenas obras serán, de algún modo, recordadas. Entonces entenderás que, perdiendo sí, se puede ganar. El odio, la deshonestidad, la codicia o la venganza son actitudes que pueden terminar un sueño. Si José hubiera tomado una de estas posturas, no creo que hubiera sido seleccionado para aparecer en las páginas de las Sagradas Escrituras. Hubiera pasado a la historia, sin duda alguna, como una persona más que no pudo discernir cómo vivir su sueño. Este joven ministro ha dejado atrás su adolescencia espiritual y su madurez se refleja cuando revela su identidad en una acción inesperada para sus hermanos e incluso para el lector de la historia: los perdona por todo lo acontecido. En nombre de una causa más grande, José estuvo dispuesto a perdonar las injusticias del pasado y dijo: "Es verdad que ustedes pensaron hacerme mal, pero Dios transformó ese mal en bien para lograr lo que hoy estamos viendo: salvar la vida de mucha gente" (Génesis 50:20).

Estimado lector que me acompañas a través de estas páginas, necesito preguntarte: ¿puedes ver el bien mayor, el mejor propósito para tu vida, en lugar de vengarte de quienes obraron en tu contra o te envidiaron?; ¿usarás la gloria obtenida en el momento para devolver el golpe o verás el llamado como algo más importante que la posición?; ¿serás capaz de ignorar el prejuicio personal y ver la oportunidad de la sanidad? Si puedes hacerlo, alcanzarás tu sueño no para liberarte, sino para liberar a los demás.

Confía en el Sol de Justicia (Malaquías 4:2) y transforma la desgracia en éxito. Que tus mayores cualidades sean el sacrificio y el servicio. Entonces marcarás una diferencia en los demás y en tu ministerio.

Llegó el cumplimiento. Toda una vida ha pasado, pero la visión sigue intacta y José recibe el nacimiento de su primogénito Manasés (Génesis 41:51); y, luego de tantos años, al fin puede decir: "Dios me hizo olvidar". El ser humano no tiene la capacidad de borrar voluntariamente eventos críticos de su consciencia. Por tal razón, podría decirse que es casi imposible olvidar. Dicha expresión es utilizada cuando se ha superado o sanado una situación conflictiva que afecta profundamente la salud emocional y, en algunos casos, hasta la salud física.

En el caso de José, como en infinidad de otros casos, la experiencia espiritual de ser sostenido por la esperanza en un Dios misericordioso que obrará en favor del afligido marca el comienzo de la absoluta sanidad. Inicialmente, es solo un paso de fe "declarando las cosas que no son como si fueran" (Romanos 4:17). Así dice la escritura. Decidir perdonar por encima de la angustia, el resentimiento, el dolor o la amargura es una labor difícil, muy difícil, pero no imposible. Decide dar el primer paso entonces, "*Manasés*" … Dios te hará olvidar.

Fue esta manera tan incomprensible la utilizada por el Arquitecto del Universo para desarrollar al líder en la vida de José. De esta manera, se cumplieron los sueños de aquel adolescente a quien sus hermanos le roban su ingenuidad arrojándolo a las fauces de una fiera rabiosa llamada vida.

Los manojos se postraron ante el suyo y el sol, la luna y las once estrellas se humillaron ante él. Los sueños de los fieles se vuelven realidad, estés en la prisión o en el palacio. Entonces sueña…nunca dejes de hacerlo.

Descubrí la importancia de la unción.

Era el invierno de 1992, tenía dieciocho años. A esta edad, poseía conocimiento teológico básico y disfrutaba a plenitud la experiencia de dar clases en el Instituto Bíblico La Peña de Horeb. Pero algo faltaba. Aún no lo entendía, pero estaba a punto de descubrirlo. Había visto un sinnúmero de manifestaciones del Poder de Dios a lo largo de aquellos años de crecimiento ministerial. Sí, eso acabas de leer porque eso escribí: crecimiento ministerial. Ser víctima y sobreviviente del *Celo Ministerial* provocó que atesorara profundamente en el corazón cada experiencia de mi niñez, juventud y adultez porque soy un ministro de este santo evangelio. Gracias a cada una de esas experiencias positivas y negativas que me dieron formación y dirección en esta carrera que lejos está de terminar.

A pesar de contemplar el fluir del Poder de Dios, no entendía la importancia de poseer esa manifestación en el ministerio. ¿Acaso no es suficiente con predicar? ¿Qué más necesito? Dios sabe que le amo, sabe que me gusta predicar, sabe que lo hago, más que por obediencia, porque me gusta. ¿Por qué solo soy un predicador promedio? ¿Qué necesito para destacar en medio de tantos ministros? ¿Por qué no soy diferente? Estas eran solo algunas de las preguntas que me hacía constantemente hasta que llegó aquella fría y lluviosa noche de invierno en la ciudad de Poinciana, el condado de Osceola. Frente a mí, después de muchos años, el Rvdo. Víctor Ríos Rojas, quien había sido mi primer pastor, ahora radicado en Florida, Estados Unidos, era el predicador aquella noche. Frente a mis ojos estaba la respuesta.

Por primera vez observaba lo que tantas veces había visto, pero no entendía. Aquel mensaje quebrantó profundamente mi espíritu. Desesperadamente pasé al altar envuelto en lágrimas y en espera de una oración. Una oración que cambió toda mi manera de ver el evangelio. Ahora mis ojos se abrían. Deseaba ser como este hombre, mi pastor. La unción en su prédica era el distintivo que necesitaba. Ya lo había visto tantas veces, pero en esta ocasión esa unción marcaba mi vida ministerial. Era un llanto que no podía contener, un quebrantamiento profundo de mi alma. Hasta ese día, predicaba porque simplemente creía que era algo que podía hacer, era un pasatiempo, era una habilidad tal vez como tocar un instrumento. Que equivocado estaba. Dios me enseñaba un camino diferente al que creía recorrer. No era una habilidad, la predicación era su llamado santo que me reclamaba *Unción*.

Todos hablan de la unción, todos gritan y alegan tener unción; otros dicen poseerla. Pero en ese momento de mi adolescencia, necesitaba descubrir la unción verdadera y quería hacerlo como todo lo que me propongo: con urgencia y rapidez. Me acerqué al pastor, terminada aquella poderosa ministración. Hermano Víctor, como aún acostumbro a llamar a mi pastor, podría decirme qué debo hacer para alcanzar la unción de Dios en mi vida.

Entonces él respondió: *"Hijo, necesitas orar más a menudo, creer en sus promesas, abandonarte en sus manos y voluntad aceptando dejar todo aquello que Dios desee que abandones. Solo entonces, su santidad te cubrirá y su poder se hará manifiesto en tu vida y ministerio…"*

Todavía hoy, al escribir sus palabras, me parece escuchar el eco de su voz en el tiempo recordándome con firmeza y con su característica integridad que es importante no desviarme de la fórmula que hoy te comparto como un valioso tesoro que cambió mi entorno. Sé que cambiará el tuyo. Esta es la fórmula para alcanzar la unción.

El Reverendo Víctor Ríos marcaría no solamente mi vida en la niñez, lo hizo aquel invierno de 1992 y más adelante. Incluso hasta el presente continúa pastoreando mi vida y ministerio. Cuando sea grande, deseo ser como mi amado pastor Ríos. En el pastor, veo cumplida la sagrada escritura cuando resalta que el siervo no es mayor que su señor ni el apóstol es mayor que aquel que lo envió (Juan 13:16).

No importa cuántos logros o conocimiento he obtenido en el caminar de este aprendizaje, él siempre será para mí el hombre que me encaminó en la dirección que he recorrido y el que me ha llamado la atención cuando casi me desvié. Gracias, pastor. No pudo Dios regalarme un mejor pastor que usted, ministro Víctor Ríos Rojas. Es mi mayor deseo marcar vidas al compartir mis sueños y desesperanzas, mis ilusiones y desilusiones, mis alegrías y tristezas porque todos tenemos altas y bajas que deberíamos contar alguna vez. Anhelo poder pasar un día a la eternidad y sentirme satisfecho de haber dejado huellas en todo aquel que se me acercó. Huellas que marquen para bien a mi prójimo, pues un día el Creador dispuso cruzarme en el caminar con un ministro que marcó, y aún continúa marcando, mi actitud ante este Santo Ministerio. Anhelo honrarlo imitando sus pasos cada día.

Dios continuaba formando mi vida. Aquella experiencia me marcaría para siempre. Entonces descubrí que la clave no es la proyección. La clave es intimar con el Invisible para poder trasmitir aquello que se recibe en privado. Eso es *Unción*, una manifestación divina que impregna la vida y todo aquello que te rodea. Él llama para que estemos con Él (Marcos 3:14). ¿Responderás su llamado? ¿Estarás dispuesto a convivir con él?

La unción provoca admiración, aunque de la misma manera despierta el celo ministerial en muchos otros. Lo primero que descubrí de la unción es que no es algo que puedo controlar a mi antojo, sino que se manifiesta como consecuencia de mi relación con el Espíritu Santo quien, a su vez, es el que hace a sus ministros como llamas de fuego (Hebreos 1:7). La mayoría de los jóvenes en esta nueva generación cree que la unción es una manifestación propia del ministerio y que se refleja por medio de gritos, brincos o empujones. Nada está más lejos de la realidad. La unción no es un espectáculo para sobresalir en el ministerio. La unción es un poder sobrenatural que se manifiesta por medio de dones que te otorga el Poderoso de todos los tiempos: *Elohim*.

Esta manifestación siempre será diferente según la necesidad de la iglesia y no según el criterio del ministro. No puedes comprar ni disimular que te falta la manifestación de la unción. Tal vez puedes imitar la manifestación de la unción, pero aquel que está verdaderamente ungido distinguirá inmediatamente la ausencia de la manifestación y el atrevimiento de querer usurpar un poder que no es tuyo. Tristemente, muchos no entienden este principio que te explico y desean repetir experiencias pasadas con la unción, pues creen que si pasó una vez puede pasar dos veces, tres veces y así consecutivamente. No hay nada más lejos de la realidad. Dios siempre obrará de la manera en que él desee y no de la manera en que deseemos nosotros manipular la situación o la propia unción. No veo a un Moisés intentando dividir todas las aguas a su alrededor porque una vez Jehová propició la división del Mar Rojo (Éxodo 14:15-16); o, incluso, a un Elías solicitando fuego del cielo en cada oportunidad que se le antojara (1 Reyes 18:1-46; 2 Reyes 1:1-18). Por el contrario, ambos milagros fueron utilizados por Jehová de los Ejércitos para satisfacer una necesidad en un momento justo de acuerdo con la voluntad de Él.

A lo largo de mi vida ministerial, he visto muchísimas veces ministros que, por ignorancia, ausencia de educación, un orgullo desmedido para escuchar un consejo o por falta de relación e intimidad con aquel que otorga la unción, recurren a repetir o copiar aquello que vieron de otros ministros asociando que es una fórmula. Si a él le funcionó, entonces funciona para todos, piensan ¡Qué gran equivocación! Esta práctica ha provocado en los altares de Dios muchos imitadores de la unción. Los que soplan, los que empujan, los que mojan con agua, los que dañan ropa con aceite, los que imitan el don de lenguas, los que ungen con vino, los que profetizan mentira y hasta los que venden la ministración por dinero, entre otros.

En la segunda carta que escribe Pedro, en el capítulo 2, identifica a estos como falsos profetas y falsos maestros. Ministros que con sus acciones niegan al Dios que los rescató. Son mercaderes (negociantes, empresarios) del evangelio que utilizan el poder de la palabra fingida (disfrazada) con la intención de engañar. Es la Sagrada Escritura la que da la contundente afirmación de que "muchos seguirán sus disoluciones" (separación o desunión de las cosas que están unidas, anulación de los vínculos que unen a dos o más personas). Vivimos en un tiempo de apatía, apostasía y tibieza espiritual como nunca antes. Esto ha provocado una ausencia masiva de la unción y una, cada vez más frecuente, manifestación de aquello que es muy difícil describir, pero que estos falsos ministros descaradamente continúan llamándole unción. Esta manifestación no es otra cosa que fuego extraño en el altar de Jehová Tsidkenu (justicia nuestra). Es una mala imitación de la unción cuyo resultado es el mover de las emociones con el fin de satisfacer a esta nueva generación que no desea ser confrontada con la verdad, sino que ama escuchar medias verdades porque sus estómagos son sensibles a la verdad de Dios para comer ese rollo escrito lleno de la verdad que hace libre.

En segundo lugar, descubrí que aquel que observa desea percibir la misma manifestación de su Espíritu en ti siempre, aunque eso no dependa del ministro. Todo aquel que desea experimentar el verdadero poder de la unción deberá sumergirse en el río de su espíritu cada instante que sea posible. Esta es una gran responsabilidad que no todos desean, pero el día que perciben la manifestación en ti, no desean dejar de verla.

Recuerdo que en el año 2010 necesitaba llegar hasta el pueblo de Mayagüez para ministrar en un retiro campamento un viernes en la noche. Desde el lugar donde vivo, necesito realizar un recorrido aproximado de tres horas para llegar a dicha municipalidad. En esa ocasión, me encontraba muy enfermo y en un esfuerzo me levanté de la cama y me dispuse a realizar el recorrido. Antes de llegar, le indiqué a mi contacto para la actividad que tenía fiebre y dolor de garganta. Me sentía medio asfixiado y un poco débil, así que solicité, si era posible, que me permitieran predicar inmediatamente después del devocional para poder marcharme lo antes posible. Claro está, el enfermo desea estar en cama, pero la responsabilidad me obligaba a cumplir el compromiso. Al estrechar mi mano, el caballero se percató de la alta fiebre que poseo y lo comenta. Sí, me siento muy mal, pero quería cumplir con ustedes, le respondo. Bueno, finalmente prediqué muy pasivamente con voz ronca y entrecortada, lleno de malestares, pero con el mayor esfuerzo que podía realizar. Invité a los presentes al altar y, como es de esperarse, el respaldo de Dios me acompañaba; y el altar se llenó de vidas llorosas buscando la ministración de su Santo Espíritu.

En ese instante tengo un conflicto interno: deseo ministrar a las vidas, pero mi cuerpo ya no resiste. Siento que me grita que ya es suficiente, mientras que la unción me hace sentir su fluir. Que profunda contradicción, pero Dios siempre respalda a los que llama. Comencé la oración por aquellos que buscaban un consuelo, una esperanza, un cambio; y el don de profecía se manifiesta revelándome la condición de dos personas en medio de la multitud. Sí, solo dos personas mientras que a las demás las cubrí en la presencia del Consolador por medio de la oración. Finalicé casi desplomándome del malestar que sentía en el cuerpo, pero había cumplido con aquella responsabilidad. Ahora es el momento de marcharme, pero me piden que comparta un bocadillo y un poco de bebida caliente. Acepté acercarme al área de la cocina y una vez más le indico al contacto que necesito irme, pues no me siento bien de salud.

Me despido del pastor anfitrión y confío en que el caballero que me ha invitado le ha explicado al pastor y a la congregación lo que ya le he explicado a él en varias ocasiones.

Al salir de allí, mis síntomas continúan agravando al punto de que se me dificulta el guiar, así que, aproximadamente después de algunas dos horas de trayecto, decido detenerme en la capital de la isla e ingresar a la sala de emergencias del Ashford Presbyterian Community Hospital donde me diagnostican una doble pulmonía con otras complicaciones. Al día siguiente, luego de una pesada noche, recibo un mensaje de texto que debí leer varias veces, pues parecía increíblemente imposible de creer.

Su contenido decía algo así:

"Dios te bendiga, pastor. Ayer me pareció que predicó distinto a otras ocasiones. Creo que le faltó unción porque, de todos los predicadores, usted fue el menos explosivo. Lo comenté con algunos que estuvieron de acuerdo que hasta en la ministración solo le profetizó a dos personas. Quiero aconsejarle que no se descuide en la oración y la búsqueda de su presencia porque su ministerio es importante para mí". *William Ruiz*

Después de sacrificar mi salud al llegar a cumplir, ahora estoy en la cama de un hospital por la gravedad de la condición; y este caballero, conociendo mis razones, aun así, un día más tarde, me envía un texto en el que juzga la unción manifiesta en la actividad. Sentía enojo, ira, decepción y la ingratitud de este caballero que juzgaba mi vida espiritual. Tomé el celular, hice algunas llamadas y conseguí el número del pastor anfitrión. Entonces, al presentar mi queja, cuán grande sorpresa fue escuchar de los labios del compañero que él también pensaba igual, pues William nunca les explicó a los acampantes que llegaría a ministrar enfermo, pero que ahora conocía las razones y que se sentía más tranquilo en este momento. A lo que añadió: "No le preste atención a la gente, todo está aclarado". ¿Aclarado? La gente desea ver en ti la misma unción siempre sin importar el precio. Egoísmo es el nombre que lleva dicha actitud. Esta fue una experiencia que me llenó de decepción ante la cruda realidad de un evangelio donde muy pocos entienden el significado de "amar a tu prójimo como a ti mismo" (Mateo 22:39).

Si como ministro del evangelio permites que la presión de aquellos insensibles a la voz de su Espíritu provoque en ti presión al momento de ejercer tu llamado, entonces te convertirás en uno más de aquellos que manipulan o juegan con algo a lo que llaman unción. Ya te expliqué que es fuego extraño en el altar de Jehová. No permitas que las emociones gobiernen tu ministerio. La unción de Dios siempre se manifestará en tu vida de la manera en que el Soberano decida. No eres dueño de la unción ni de los dones, mucho menos de la manifestación de estos. Cuando Dios decida no revelarte, no adivines. Cuando decida no hablarte, no hables. Cuando decida no usarte, no insistas. Ten paz. Unas veces, serás el ministro que siembre; otras veces, el que regará; y, en otras ocasiones, el que cosechará. No ejercerás la misma función, aunque poseas la misma unción y anheles siempre cosechar. Es importante que aprendas a depender de su voluntad y no de la tuya. Es mejor obedecer a Dios antes que a los hombres (Hechos. 5:29).

¡Aventúrate! Nunca es tarde para descubrir la importancia de la verdadera unción en tu vida y ministerio.

El Espíritu de Jehová el Señor está
sobre mí porque me ungió Jehová.
Me ha enviado a predicar buenas nuevas
a los abatidos, a vendar a los quebrantados de
corazón, a publicar libertad a los cautivos y a
los presos apertura de la cárcel.

Isaías 61:1

CAPÍTULO 3

Evangelismo

Y a habían pasado varios años de aquellas dos pequeñas experiencias en las predicas que marcarían mi vida. Job 1:1 fue la porción escritural separada y aconsejada por mi "mamita" para predicar por primera vez en aquella programación de Sociedad de Niños. Por primera vez, subía al altar mayor junto a mi pastor Víctor Ríos. Sentía que me temblaban hasta los dientes, pero me agradaba la sensación de ser escuchado. Fue un mensaje sencillo. Sin saberlo, daba el primero de miles de pasos que me esperaban en el mundo del "celo ministerial".

Unos años después, profetizaba la diaconisa Antonia "Toñita" Lebrón y recuerdo algunos detalles de aquel mensaje de Dios para los niños y preadolescentes de la iglesia Pentecostal de Jesucristo en Villa Esperanza, Carolina. Resaltaba el altísimo que levantaría ministros de aquella niñez, aunque algunos no permanecerían. Jamás pensé ser uno de aquellos a los que Dios se refería como futuros ministros. Es que él es así, su plan nunca deja de sorprendernos una, y otra, y otra, y otra vez. Sus ideas siempre son inesperadas, pero son mejor, que lo mejor, que tú puedas soñar o planificar. No hay nadie como nuestro Dios.

Mi segunda experiencia me lleva a recordar aquellos años de Escuela Superior en Canóvanas, Puerto Rico. Andrés era el presidente de la Confraternidad de Jóvenes Cristianos de la escuela. Inesperadamente, una apacible tarde, fue usado por Dios. Veo en ti un predicador que viajará el mundo, me dijo Hasta entonces, había realizado muy pocos viajes misioneros, pero una vez más Dios me señalaba el camino que debían seguir mis pasos. Seguido de aquellas palabras de aquel joven a quien recuerdo como un verdadero cristiano. A pesar de su atractivo, de la manera en que físicamente sobresalía del resto de los varones y ante la mirada, deseos y ofrecimiento de las féminas, Andrés siempre hacía notar su pasión, entrega y testimonio por el Cristo que predicaba. Su ejemplo marcaría mi vida para siempre. En él pude ver que un cristiano no tiene que hacer ver a nadie que lo es, pero tampoco nadie debería recordarte que lo eres. No olvidar mi identidad como ciudadano del cielo me conducirá al éxito social y eclesial.

Me gustaría que predicaras el jueves en el patio de la escuela, continuó diciéndome aquel día. ¿Yo? ¿En el patio? ¿El jueves? Entonces, a pesar del miedo que sentía recorrer mi corazón, con fuerza, pero con inseguridad ante lo desconocido, afirmé positivamente mi compromiso con un fuerte ¡*Amén*! ¿Y ahora qué? ¿Cómo lo hago? Si no me queda bien, ¿se burlarán? En aquellos años, no analizaba que solo estaba lleno de preguntas y que para ninguna tenía respuestas. Sé que lo entiendes y, aun entendiendo no lograrás dejar de hacerte preguntas a pesar de no tener las respuestas.

No te aflijas, sigue leyendo. Escribo estas letras en Río San Juan, sentado en un viejo muelle tablado. Es un hermoso día nublado rodeado de un verdor y una fauna pocas veces preservados así por el hombre. Las aves, grillos y ranas cantan dando una melodía natural de fondo a mi escrito. La lluvia enfría levemente la húmeda tarde en la frontera de Costa Rica con Nicaragua. Siempre soñé con visitar este Edén natural. Luego de haber visitado todas las demás repúblicas de Centro América, estuve inquietado con la misma pregunta.

¿Cuándo? ¿Cuándo? ¿Cuándo?...

¿Ves? ¿Te das cuenta? Siempre nos hacemos preguntas. Nunca dejamos de hacerlo. Lo importante es no paralizarnos ante la falta de respuestas. Seguir la ruta ministerial es sinónimo de soñar, anhelar, pedir y siempre esperar por el tiempo de Dios; muchas veces, sin saber cuánto o qué estamos esperando. No desesperes. Su tiempo, siempre, es mejor que el nuestro. Aquí estoy escribiendo desde Costa Rica en un recorrido misionero que desde esta frontera con Nicaragua me lleva a atravesar la república hacia Cortez, lugar fronterizo con Panamá. Al momento de escribir estas líneas, no sé aún cuál será el resultado de esta misión; y, como en muchas ocasiones, tal vez nunca lo sepa. Pero es igual si entiendes que cuando dejas de hacer preguntas, entonces puedes enfocarte en disfrutar el recorrido que el Divino Creador ya trazó desde la eternidad para ti. Todos quieren *Ser*, pero no todos están dispuestos a *Hacer*. ¡Vamos, es tiempo de empezar a *Hacer*!

Finalmente fue jueves y Andrés me esperaba muy puntual a las 12:15 p.m. en una de las glorietas del patio de la escuela. Sin cruzar más que una leve sonrisa entre los dos, me arrodillé sin pensar en nada más que en mis nervios y desesperación, aunque sentía un aire de tranquilidad por la presencia de solo tres jóvenes. El devocional comenzó sin otro instrumento musical que las palmas y las voces de aquellos jóvenes que sin vergüenza adoraban al señor con una pasión que solo puede entender aquel que la experimenta. Mientras ellos cantaban, oré con tanta comunión que dejé de escuchar la adoración de mis hermanos; y al levantarme, lo hice porque me dijeron es tu turno. ¿Qué había pasado? ¿De dónde salieron todos? Sentí un frío que recorrió mi cuerpo al ver que había tantos jóvenes que no podía contarlos. La voz se había corrido: es Luis el que predica hoy. No es posible describir mejor lo que te comparto. Inmediatamente, después del frío que me recorrió, sentí una paz, una tranquilidad, una autoridad y un control interno que jamás había sentido en las ministraciones anteriores; y comencé a predicar. ¿Qué dije? ¿Qué prediqué? ¿Qué pasaje bíblico utilicé? Me es imposible recordar los detalles, pero sí, recuerdo, al momento de finalizar el sermón, aquellos rostros llenos de lágrimas y arrepentimiento frente a mí que renovaban sus fuerzas y tantos otros que confesaban a Jesús como su Salvador.

¡Que emoción tan enorme sentía! Todos esperaban una oración de un joven igual o, en muchos casos, peor que ellos. ¿Qué me hacía diferente? La diferencia estuvo en que mis preguntas no me paralizaron. Por el contrario, cada pregunta sin respuesta me impulsaba en esta búsqueda de agradar al Dios del Cielo. Estoy disponible. Aunque no tenga el conocimiento, estoy disponible; si El Eterno utiliza mi vida, entonces me esforzaré y le seré fiel, una y otra vez me repetía.

Las felicitaciones y palabras de elogios eran muchísimas. Andrés, el presidente de la "Confra", el joven a quien admiraba y nunca he vuelto a ver después de la escuela superior, me abrazó y me felicitó. Gracias, Andrés, por ser un instrumento de Elohim (nuestro Dios) para mi vida y tantas otras.

Allí también estuvo mi amiga Maritza Encarnación a quien acompañé tantas veces a predicar y quien fue uno de mis mentores en aquellos primeros pasos hacia la predicación. Ella siempre me regaló sus consejos y sabiduría en cada conversación. Gracias a ti, amiga mía, y a tantos otros que me impulsaron aquella tarde. Dicha experiencia me enamoró totalmente del evangelismo y me ha mantenido en pie.

Eben-ezer… hasta aquí me ayudó Jehová.

¡Cuántas puertas abiertas!

Aquella predicación provocó muchísimas invitaciones de aquellos que antes eran simplemente mis compañeros de estudios; ahora se convertían también en mis hermanos en Cristo. Esta predicación provocó un drástico cambio en el entorno de aquellos años de la escuela superior. Ahora las invitaciones eran más frecuentes y mis hermanos en la fe me identificaban como un predicador del evangelio. En aquellas congregaciones en las que soñé de niño estar frente a ellas predicando, ahora Dios abría las puertas para mí. Como está escrito en Apocalipsis: "...él es el que abre y ninguno cierra y cierra y ninguno abre" (Apocalipsis 3:7). Esta es una gran verdad, aunque siempre existirán enemigos que tratarán de destruir el cumplimiento del plan de Dios.

Dada mi experiencia, puedo resaltar dos enemigos extremadamente peligrosos: el celoso ministerial y tú mismo. Al celoso lo resaltaré continuamente a través de las páginas de este libro, pero acabo de señalarte a ti mismo como uno de los enemigos más peligrosos que tendrás que enfrentar.

Permíteme ilustrar la manera en que opera nuestro "Yo".

La *autoimagen* o el síndrome del "Yo". ¿Qué es la autoimagen? ¿Es la forma en que nos vemos a nosotros mismos o tendrá que ver con la manera en que los demás piensan de mí?

La autoimagen no es otra cosa que el concepto del "Yo".

1. *Yo Ideal* - Es el área donde se desarrollan nuestras metas, aquello que deseamos alcanzar. Esto es el *Yo Soñador*. Así me gustaría ser. Es el ejercicio de la imaginación, los sueños, metas e ilusiones que todos, de una u otra forma, guardamos en nuestro interior. Hay quienes pierden su *Yo Ideal* porque dejaron de ejercitar su imaginación. Esta no es solamente una etapa de la infancia. Si quieres ver cosas que nunca has visto, atrévete a hacer cosas que nunca has hecho. Sueña en grande para alcanzar grandes sueños, hacer lo contrario es matar tu *Yo Ideal*.

2. *Yo Público* - Este es el "Yo" elaborado cuidadosamente para no correr riesgos. Es la imagen que quiero que los

demás vean de mí. Esta imagen, en la mayoría de los casos, es una invención propia que se aleja por mucho de la realidad. Es una doble vida que, en la mayoría de los casos, no se puede ocultar dicha personalidad ante los ojos de todos por largos periodos de tiempo.

3. *Yo Verdadero* - Esta es la personalidad que nadie conoce o puede ver a menos que ese *"Yo Interno"* lo permita. Nadie puede conocerte mejor que tú mismo, aunque existen casos en que el individuo se encuentra tan perdido en relación con su propio *"Yo"* como los demás que interactúan con él. Esta es la visión real del interior y, generalmente, es muy diferente al *Yo Público.*

Si eres de los que muestras el *"Yo"* que deseas que los demás vean ocultando el *Yo Verdadero*, entonces eres tu peor enemigo. Solo el brazo fuerte del *Yo Soy* abre o cierra puertas, pero tu actitud determinará si el mover del Espíritu Santo será a favor o en contra tuya.

Procura que tu autoimagen refleje el *Yo Verdadero* en todo tiempo, pues un ministro verdadero del evangelio debe ser conocido por todos. Somos una carta abierta "…conocida y leída por todos…escrita no por tinta, sino con el Espíritu del Dios viviente", dice la Sagrada Escritura en 2 Corintios 3:2-6 Sí, …ya sé qué estás pensando. Claro que esto es difícil. No puedo contradecirte, pero se pueden alcanzar las puertas abiertas. Cuando eres genuino y te entregas a Dios de corazón sin reservas, entiendes lo que muchos no lograron entender y se apartaron del camino ministerial que debían recorrer. Hoy están sentados en el valle de la desolación ansiando que alguien les extienda una oración que dé vida a sus huesos secos por el pecado de sus almas porque *no* entendieron que los golpes y las muchas heridas recibidas en el caminar ministerial eran necesarias para alcanzar un mayor peso de gloria y una vida eterna. La falta de oración, la inseguridad, la falta de confianza, la ansiedad, el ocio, las actitudes defensivas, el temor, las calumnias, las miradas mal intencionadas, los bochinches, la hipocresía, la altivez y tantas otras situaciones que enfrentamos en este caminar cristiano son las situaciones más frecuentes que garantizan el fracaso espiritual; o, en la mejor de las situaciones, la formación de mi personalidad y carácter ministerial.

El Poderoso en Batalla *no* escoge al ser humano por sus virtudes. Más bien, lo escoge por sus defectos para que siempre reconozca que dependemos de sus fuerzas y no de las nuestras para prevalecer en la batalla espiritual. Es muy importante entender que Elohim no busca capacidades en ti. Él solo necesita: *Disponibilidad*, *Confiabilidad* y *Credibilidad*.

¿Se puede creer en ti? ¿Tienes aptitud? ¿Se halla tu carácter en crecimiento? ¿Eres sensible ante la necesidad de la gente? ¿Eres digno de confianza? ¿Puedo delegar en ti? ¿Estás dispuesto?

Estas son solo algunas de las preguntas que probablemente te haría Dios no porque no conozca las respuestas, sino por el contrario, con cada respuesta entenderás por ti mismo cuánto estás dispuesto a hacer, abandonar o sacrificar porque el Alfarero te llama para darte forma. Él siempre tiene la manera de formar al barro en el momento preciso y de la manera correcta para hacer de ti una vasija de honra. La vida produce afanes y el alivio se encuentra de rodillas. Si no eres eficaz en tu ministerio y sientes que las puertas no se abren es porque *no* eres *consistente* en la *oración*, en tu imagen del "*Yo*" y en el (comportamiento) testimonio.

¿Quieres puertas abiertas? La clave *no* es cuántas tarjetas de presentación regales, no es lo hermosa o impactante que diseñen la publicidad, no es el dinero que inviertes en la transmisión radial o televisiva. La clave es la *oración*. Solo por medio de ella, su brazo fuerte abrirá o cerrará puertas. Ora primero ante cualquier decisión y luego planifica los pasos a seguir.

"Siempre sigue adelante a pesar de los temores o las desilusiones. Si estás convencido de que has caminado con rectitud y tu corazón ha hecho justicia, nunca mires atrás; de lo contrario, regresa y haz el bien

para enmendar el mal que provocaste. Así, alcanzarás misericordia". Palabras del Rey Salomón.

Mientras continúes en una vida de pobreza espiritual, repartiendo la culpa a los demás, será imposible descubrir tus errores, defectos e irresponsabilidades. El tamaño de tu confianza en Dios determinará el tamaño del éxito al alcanzar aquellas metas trazadas. No existe nada que el Señor de los Cielos no esté dispuesto hacer por la persona que depende de él.

El Rvdo. Rubén Casillas me enseñó el valor de la humildad. Siempre insistió en lo importante que era esperar que los demás hablaran de mí y no que me empeñara en resaltar aquello que deseaba que los demás supieran con palabras infladas fuera de orden o de lugar. Casillas siempre fue un hombre de humilde actitud y de un respaldo enorme de Dios. Deseo compartir contigo aquel aprendizaje que me delegó un gran maestro del evangelio. Las puertas abiertas no es algo que podrás forzar en tu caminar. No depende de cuánto esfuerzo pongas en alcanzar el éxito, como hace unas líneas describí; depende de ser *consistente.* Un cristiano consistente hará frente a la oposición siempre, aun cuando esté abatido…*diga el débil fuerte soy* (Job 3:19; 2 Corintios 12:9). Pero si la oposición eres tú mismo…*ten cuidado de ti mismo* (1 Timoteo 4:16).

Los enemigos externos e internos siempre tienen dos metas principales: estorbar las promesas de Dios y detener su obra. Cuando sientas que las puertas no se abren porque te ridiculizaste, convérsalo con el que te llamó; cuando te ridiculicen sin razón, *no* te enfrentes a la gente, una vez más, convérsalo con aquel que te sostiene. Remplaza de tu vida el temor al hombre por el temor a Dios. Aquel que es consistente se negará a abandonar su labor en la mies convirtiéndose en un modelo de perseverancia. Tu buen ejemplo y testimonio provocarán que *no* sea necesario hablar de ti mismo, sino que la voz de los demás se esparcirá comentando las grandes cosas que el Señor Todopoderoso realiza a través de ti. Entonces verás que las puertas se abren.

Rubén Casillas fue el pastor que positivamente influyó en la etapa transicional de una mente evangelística a una pastoral. No te creas autosuficiente. Todos necesitamos mentores en esta carrera que tenemos por delante. Él, con su amor, paciencia, respeto y tolerancia, me guio en un momento en el que sin él no lo hubiera logrado. De quien fuera mi pastor diez años de mi vida, aprendí que en los caminos del Invisible no se puede andar tratando de abrir puertas porque al final de todos tus intentos te darás cuenta de que solo el autor y consumador de nuestras almas tiene el deseo y la potestad de abrir camino donde no lo hay. Solo Jesús de Nazaret alumbrará con su luz las tinieblas de la inseguridad de tu corazón otorgándote la capacidad de sentir *confianza* y *seguridad* ante las puertas que aun *no* se abren.

Espera, no te impacientes, confía, ten paz; simplemente, quebranta tu voluntad y sacrifica el orgullo, la altivez y esa gloria personal que tanto amas. Entonces el Omnipotente se glorificará...*abriendo puertas.*

Y... llamó a los que él quiso...

para que estuvieran con él y para enviarlos
a predicar y tuviesen autoridad de sanar
enfermedades y de echar fuera demonios.

Marcos 3:13-15

CAPÍTULO 4

Misiones y Cruzadas Evangelísticas

Recordar estos años de mi vida me trae muchos sentimientos encontrados. Si realmente fueron hermosos, de la misma manera, angustiosos. Aquel tiempo me enseñó que Dios siempre saca lo mejor de su creación cuando la lleva al límite.

En aquellos años, las invitaciones eran más frecuentes cada vez. Cada experiencia provocaba que aprendiera más del arte de hablar en público y, sobre todo, de la importancia de la unción del Espíritu Santo. Fueron años en que la situación económica de mi hogar era la peor que jamás habíamos experimentado. Mi padre, Sergio Rodríguez, siempre ha sido ante mis ojos un hombre fuerte de carácter, un luchador valiente y proveedor familiar, ante todo. Aquella fue una tarde igual a las demás en las que llegó de su empleo como era habitual. Lo que era poco normal es que no llegara a la casa a seguir buscando en qué trabajar porque así fue siempre: un trabajador incansable. La diferencia de aquella tarde es que los discos de su columna vertebral, lastimados por el esfuerzo constante que habían realizado en tantos años de trabajos forzados, dejaron de funcionar correctamente. Este hombre, inclinado hacia adelante por el dolor que causaba la lesión, se acostó en su cama, desde la que, muchísimas veces, se arrastraba para simplemente llegar al baño. Su constitución física, por ser un hombre alto, imposibilitaba a mi madre poder realizar fuerza con él. Mi hermano y yo, preadolescentes, no podíamos ayudar mucho...

Recuerdo que jamás había visto a mi papá estar en una situación parecida. Se respiraba en casa un ambiente de angustia y desesperación ante lo desconocido. Mientras esta era la realidad familiar que teníamos, mi realidad ministerial era otra. Las invitaciones a predicar eran cada vez más frecuentes, así que, por espacio de dos años aproximadamente, cumplí mis compromisos con lo que llamé el *uniforme ministerial*. Una camisa gris con unas delgadas y distantes líneas verticales negras y cremas que combinaba con un pantalón de tabletas negro y una muy angosta corbata sólida, también negra. Esta combinación, o *uniforme ministerial*, la utilizaba en todos mis compromisos. Había que lavar la ropa y colocarla cuidadosamente para volver a utilizarla porque no había dinero para comprar un gabán. Jamás me quejé, nunca me indigné, ante esta realidad, pues entendía que era el momento de apoyar a mis padres en un tiempo de escasez donde mamá se veía constantemente desesperada al no saber qué sería del mañana.

Pienso que en nuestros momentos de bendición y abundancia debemos regocijarnos y valorar el tiempo de bonanza que vivimos sin olvidar que todo lo aprendido durante ese tiempo es aquello que pondremos en práctica en nuestros momentos de aflicción y escasez. Es en medio de la prueba cuando debemos levantar las alas como el águila y remontarnos a las alturas para contemplar la tormenta desde una perspectiva superior. El cansancio y la fatiga no nos vencerán. (Isaías 40:31).

Aquellos dos años y algunos meses más de dura prueba no vencieron a la familia Rodríguez Torres. Por el contrario, nos hicieron más fuertes. Aprendí a depender de Dios ante la adversidad pasajera, pues es la adversidad misma la que ayuda a madurar en este paseo al que llaman vida.

Todavía recuerdo una situación que marcó el primer paso para dejar atrás aquella dura experiencia. Mamita me llevó a una tienda. Te voy a regalar dos chaquetas para predicar, me dijo. No se puede, respondí; y ella, con una sonrisa que hacía mucho tiempo no veía, me dijo: "Sí, se puede; dale, escoge dos chaquetas para que dejes de usar el *uniforme ministerial*". Aquel día supe que habían pensionado a mi papá por la lesión en su columna vertebral y que aquellos duros años solo me dejaban el recuerdo del recorrido y la vivencia de Filipenses 4:11: "…he aprendido a contentarme, cualquiera sea mi circunstancia".

El dueño de la mies llama a los que quiere con el fin de perfeccionar en ellos su voluntad. ¿Estás dispuesto a morir al mundo que te rodea para el que él haga florecer su voluntad en ti? Muchos anhelan una vida llena de gloria y la salvación de sus almas, pero no pueden estar con Él. ¡Qué triste incongruencia! ¿Cómo puede el hombre desear las bendiciones de Dios, pero *no* al Dios de las bendiciones?

Cuando tu vida comienza a destacar, siempre existirá el celo a tu alrededor. Mientras aún era niño, predicar era simplemente algo que podía realizar, como ya te expliqué. Creía que poseía una habilidad más como era el dibujo o poder cantar. No me juzgues. Era solo un niño y de la misma manera en que me veía, así mismo me veían aquellos que me rodeaban: solo era un niño más. ¡Cuidado, no te apresures!

Nunca juzgues al niño que canta con su arpa en la pradera porque mañana puede que sea el ungido…conforme al corazón de Jehová. Cuando aprendí a estar en y con su presencia, entonces entendí que predicar era simplemente el comienzo.

Mi pastor, el Rvdo. Víctor Ríos, me enseñó a tener una vida de entrega, oración y obediencia. Incluso, cuando nadie te entienda, no se debe desobedecer. El plan trazado por el Soberano, siempre, será mejor que aquel que los hombres o tú deseen trazar.

Del Rvdo. Juan Tirado Lugo atesoró el valor de apoyar y respaldar al talento ministerial de la iglesia. Ser un facilitador y un apoyo incondicional en la vida de aquel que se levanta. Al menos, así lo hizo conmigo. Con alegría del corazón, todavía hoy, recuerdo su respaldo y consejo. Estas fueron las palabras que utilicé en la ceremonia fúnebre de quien fuera mi segundo pastor.

El Rvdo. Rubén Casillas fue más que un pastor en mi vida. Fue un apoyo, un impulso, un consejero, un amigo y un abuelo. Fue dulce, amoroso y un feroz defensor de mí ante muchos. Su consejo final considero es el más grande que jamás me regaló y el responsable de muchos proyectos que he desarrollado en estos largos años de pastoral: *"Hijo, al que te haga llorar devuélvele una sonrisa; el que te ponga el pie para que caigas, ayúdalo dándole la mano; y, si nadie te fue de ayuda para llegar, entonces ayuda a todo aquel que detrás de ti necesita que alguien le ayude a poder llegar donde tú hace mucho que llegaste".* Palabras sabias de mi tercer pastor, el hermano Casillas.

El Rvdo. Miguel Esquilín Osorio me enseñó a sentir pasión por la Biblia, la enseñanza y a predicar proyectando mi entusiasmo, disposición y entrega a los demás para que a su vez el mundo entienda que es posible pelear la batalla y alcanzar victorias poderosas en Dios a pesar de las grandes oposiciones.

Carmín Sanjurjo tuvo tanta paciencia en recibirme tantas veces en el balcón de su casa y allí enseñarme qué hermoso es enamorarse de la palabra escrita y cuán importante es reflejar a los demás el respeto que se debe tener al ser maestro de las sagradas escrituras. Que muchas lágrimas, Carmín y su esposo

Pedro Colón, secaron de mi alma y corazón. Claro que también, juntos y por separado, provocaron muchas lágrimas de coraje, de incredulidad; pero, sobre todo, de frustración cuando sus consejos no eran de acuerdo a lo que deseaba escuchar, sino de acuerdo a lo que Dios deseaba que interiorizara. Gracias, Carmín. Gracias, Pedro. Sus consejos me formaron con dolor y esa es la enseñanza que permanece.

Antes de cada nuevo paso en el peregrinaje cristiano, el Omnisciente se encargará de colocar personas en tu camino que enriquecerán tu conocimiento con cada uno de los consejos y experiencias vividas junto a ellos. Cuando creía que estos mentores me habían enseñado mucho, todavía no conocía la nueva pasión que llenaría el caminar que se avecinaba en un nuevo y muy desafiante recorrido.

Fueron largas horas las que dedicó de su tiempo, el Rvdo. Edwin Carrión, para compartir conocimiento bíblico que me ayudó en el proceso de profundizar en la enseñanza y la predicación. Su carácter firme y pausado me ayudó a desarrollar un carácter más templado y sosegado ante los problemas que el evangelio trae consigo. Considero al Rvdo. Carrión un amigo muy distinguido que nunca me hizo sentir inferior en nuestras interesantes tertulias a pesar de la diferencia de edad.

Las misiones nacieron en el corazón de Dios y germinan fruto en el corazón del hombre. Sin darme cuenta, mi amigo Antonio "Toño" Pérez, quien desinteresadamente por largo tiempo me llevó a tantos lugares de la isla a predicar, comenzó a entusiasmarme con la idea de predicar en tierras lejanas al escuchar los testimonios vividos en cada uno de sus viajes. Aquel que *todo lo sabe* había trazado el camino de una manera muy detallada para que cada paso que diera me acercara cada vez más a su propósito. En la iglesia Defensores de la Fe Cristiana, Rayos del Sol, congregación en la que perseveré los últimos diez años antes de salir a pastorear, se enfatizaba constantemente la importancia de las misiones. Mayormente, cada verano y cada invierno, un equipo misionero saldría a algún lugar de Centro o Sur América. Cada vez que había una nueva oportunidad me invitaban. Carmín Sanjurjo, Florencio Parrilla y Pedro Colón, entre tantos otros, me enseñarían a creer y responder al llamado del Espíritu. Este nuevo reto prontamente se convertiría en un fruto que, habiendo comenzado a germinar, provocaría una raíz que crecería lentamente en mi interior para formar un árbol fuerte y frondoso al que llamo *amor misionero*.

La oposición no se hizo esperar

"Es muy joven e inexperto para acompañar a los adultos en la misión que se realizará". "Eres solo un estudiante, después podrás ir; espera, aún no es el tiempo". "No tienes dinero". "Es peligroso". "No estás listo todavía". "No podemos llevar niñera para cuidarte". "Eres un riesgo para el equipo misionero".

Estos son solo algunos de los múltiples argumentos que escuchaba para hacerme desistir ante la idea de convertirme en un misionero por el fuerte llamado que sentía. Fue decepcionante escuchar estos comentarios de personas que un día me habían dicho creer en el ministerio del que era mayordomo. Los golpes y tropiezos me enseñaron la importancia de atesorar profundamente cada experiencia o consejo vivido con aquellos que ya habían pasado por el camino que recién descubría. Cuando Dios guía tus pasos, colocará en el camino pedregoso a personas como María Elena Casillas, Bienvenido Betancourt y muchos de los que ya he mencionado anteriormente, así como a tantos otros que las páginas no me alcanzarían para mencionarles. Fueron utilizados por Dios para pelear a favor de una causa ajena   creyendo, apoyando, defendiendo mi testimonio y ministerio sin ninguna otra razón que la sensibilidad ante el Espíritu Santo que les utilizó de una manera consciente o inconsciente con su poderosa mano.

De la misma manera, existe un ejército de siervos y siervas del Señor que esperan una señal del Altísimo para ser utilizados a tu favor en medio de la batalla que enfrentas. Mientras más fuerte atacaba la oposición en general más grande era la victoria en cada viaje misionero.

Al conocer el respaldo del dador del ministerio, comencé a analizar la probabilidad de realizar cruzadas evangelísticas.

¿Con qué dinero?
¿Cómo empiezo? ¿En qué lugar?
¿Alguien me ayudará? ¿Será la voluntad de Dios?
¿Tendré su respaldo?

Como te das cuenta, las preguntas nunca se acaban, pero en este punto de la lectura, ya has aprendido, igual que como aprendí en el pasado, que las preguntas *no* pueden paralizar la visión. Así que me lancé a encontrarme con mi destino profético. Venezuela fue la tierra en la que realicé mi primera cruzada de tres días. Para alcanzar el objetivo, tenía que generar los gastos del pasaje aéreo, comidas, tarima, equipo de sonido y promoción. Era un estudiante sin recursos económicos, pero con una fe inquebrantable. Comencé los preparativos y, después de los primeros pasos de fe, los cielos se abrieron y llegó el "de repente" de Dios. Entonces comencé a realizar trabajitos aquí y allá, además de guardar cada ofrenda recibida con el único objetivo de sembrar en la obra misionera. Finalmente, alcancé la meta. Venezuela me recibía con brazos abiertos. Fueron tres días de milagros, conversiones y respaldo divino.

Entre oposición y esfuerzo, nacieron las cruzadas evangelísticas. Ya no era simplemente un sueño; ahora, era toda una realidad. Muchos no creerán en tu visión, otros, aun escuchando la palabra profética a tu vida, la tendrán en poco porque son insensibles a la voz del Espíritu.

Sostente mirando al firmamento, divaga entre las nubes de tus recuerdos y confía en aquel que te llamó. Si el Caballero de la Cruz te acompaña, nunca retrocedas ante la incertidumbre de cómo será el mañana.

Almas salvadas y experiencias
INOLVIDABLES

Víctor Ramos, un compañero del camino

Conocí a este hombre en septiembre del año 2000 mientras trabajábamos para el mismo colegio. Un día, en medio de una conversación, supe que él era el pastor de la iglesia a la que asistía mi madre. Dos meses después, me extendió una invitación para acompañarle en un viaje evangelístico a la isla de Saint Croix, en Islas Vírgenes; invitación que rechacé. Pero luego, de alguna forma inesperada, caí en uno de sus frecuentes enredos porque este hombre nunca deja de estar inventando. Entonces acepté la invitación.

Aquella experiencia marcó mi vida dándole un giro de 180 grados. Fueron cuatro días llenos de un poder y una unción de Dios muy poderosa. Fue una combinación majestuosa de dones espirituales, ciencia, profecía, discernimiento, interpretación de lenguas, revelaciones y unción sobrenatural. Ocho años atrás, El Poderoso de todos los tiempos me había señalado y, como si fuera casualidad, que sabemos que en Dios no las hay, pero sí, causa y efecto, vino del estado de la Florida, EE.UU., un ministro de nombre Rubén Serrano. Dios le había entregado un mensaje para mí desde hacía seis meses. Él solo oraba esperando conocerme porque tenía el mensaje para Víctor Ramos, pero aún no nos conocíamos.

El pastor Rubén Serrano resultó ser el Pastor Asistente del Rvdo. Víctor Ríos Rojas, el pastor de Luis Rodríguez, quien trajo el mensaje de parte de Dios. Parece una locura, pero Dios hace como él quiere. Me dijo el Señor que saldría de Puerto Rico a lugares no soñados ni imaginados por mí; que llegaría, aun, a países del viejo mundo y que me permitiría conocer gentes de otras lenguas y naciones para hablarles del poder y el amor del Eterno. Y como dije ocho años adelante, al conocer a quien hoy considero mi mejor amigo y luego del viaje a Islas Vírgenes, fue a través de él que Dios cumplió en mí su propósito. ¡A Él sea la gloria!

Por haber acompañado a este hombre en este viaje, mi pastor de aquel entonces me expulsó de la Iglesia a la que asistía, precisamente, por el celo ministerial hacia Luis Rodríguez. No teniendo nada más, entonces decidí congregarme hasta hoy en El Lirio del Valle, lugar donde he visto por más de una década manifestaciones y hechos sorprendentes del poder de Dios como en ninguna otra Iglesia a la que he asistido.

En el año 2001, viajé junto a mi pastor y un grupo a la República Dominicana; y ese fue solo el comienzo de aquello que un día El Poderoso me había prometido por medio de aquel quien resultó ser el copastor de su pastor. ¡Wow! República Dominicana, México, Haití, Venezuela, Perú, La Selva del Amazonas, México, Colombia, España, Israel y, ahora, África son solo la prueba del cumplimiento del propósito de Dios en mi vida a través de este: mi amigo.

Le he visto predicar a enormes multitudes, pero también a un puñado de personas; y lo más increíble es que siempre lo hace con la misma entrega, pasión y devoción, pues lo he escuchado decir en muchas ocasiones que por amor a las almas predicaría, aunque fuera a uno solo. No solo lo creo porque lo dice. He visto el poder de Dios manifiesto a través de su ministerio en muchísimas ocasiones.

Recuerdo, en el año 2002, la campaña en la ciudad de Acarigua, estado Lara de la República de Venezuela, cuando comenzó a llamar a personas por sus nombres y apellidos. Fue imposible que alguien le brindará los nombres porque yo estuve junto a él en todo momento.

Además, por ser otro país, eran nombres poco comunes. Por ejemplo, jamás olvidaré a Gloria Bonavides a quien llamó diciendo: "Vienes del estado Carabobo y le dijiste al Señor que si te llamaba por tu nombre dejarías la vida de prostitución y te entregarías a él". Fue impresionante ver aquella mujer bañada en lágrimas salir de en medio de una muchedumbre de poco más de cinco mil personas reconociendo que ese fue el reto que le hizo a Dios y públicamente hacer profesión de fe.

En esa misma cruzada, asistió un joven en silla de ruedas que había sido tiroteado por un ladrón que lo abandonó pensando que estaba muerto. Dieciséis disparos con algunas balas incrustadas en su columna vertebral le habían dejado postrado en una silla de ruedas. Aquel caballero pidió a sus hijos que lo llevaran a la campaña porque sabía que si el predicador oraba por él sería sano y se comprometería a servir al Señor para testificar lo que Dios había hecho en su vida. La acción del predicador me sorprendió aun más. No hace falta que yo lo crea, con que tú lo creas es suficiente, le dijo, el pastor. Entonces, luego de orar, el pastor Rodríguez pidió a un ujier que lo ayudara a levantar. ¡Está loco, pensé! Pero, el mismo caballero pidió ser levantado; y tuve que tragarme mis palabras cuando aquel paralítico caminó ante el asombro de la multitud presente. Fue un momento de muchas lágrimas, de alegría y emoción.

Más tarde esa noche, luego de orar por los enfermos, subió a la tarima una dama en compañía de su hijo de unos doce años de edad aproximadamente que tenía "Síndrome Down". Ella pidió que oraran por él y el pastor hizo lo propio. Al terminar, el niño tomó el micrófono. Yo quiero que tú seas mi papá, le dijo En ese momento, su mamá y todos los allí presentes comenzaron a llorar y a glorificar a Dios. Nosotros no sabíamos el porqué de la conmoción, pero resulta que aquel niño también era mudo desde su nacimiento. Así que, al enterarnos, se le pidió al niño que repitiera lo que había dicho. Yo quiero que tú seas mi papá, una vez más exclamo..

Nunca dejará Dios de impresionarme. ¡Suyo es el poder!

Dos días más tarde, mientras predicaba en la ciudad de Caracas, capital de Venezuela, habló de parte de Dios diciendo: "Hay aquí un joven apodado el Gato (solo con eso, la multitud se escandalizó y comenzó a murmurar). Eres el prófugo más buscado en todo Venezuela", continuó diciendo. Mientras, el lugar se llenaba de oficiales de la ley y el orden público. "Te dice El Señor que tiene planes para tu vida. Si te entregas, saldrás libre porque Él te librará, dice El Señor, pues tengo planes para contigo y muchos vendrán a mí a través de ti. La gente ha dicho que ni Dios mismo podrá hacer algo con este hombre, pero yo haré como voy hacer para que muchos lleguen a mí y entiendan que Yo tengo el poder de hacer cuanto quiera. Si lo hizo con el Gato es posible que conmigo también lo haga", dirá la gente. Entonces, sin más, continuó predicando con esa capacidad con la que este profeta se desempeña en medio del don del Altísimo.

De repente, se me acerca un joven con una gorra. ¿En qué te puedo ayudar?, le pregunto. Soy el Gato, respondió. ¿Qué quieres hacer?, le pregunté muy sorprendido. Me quiero entregar a la policía para que Dios haga conmigo lo que dijo, pero quiero que el predicador ore por mí antes de hacerlo, me respondió. Subí a la tarima, interrumpí la ministración y el pastor, al mirarme, dice: "Llegó el Gato". Asentí con la cabeza, pues estaba asombrado. Entonces, inesperadamente, él dice al micrófono: "Hermanos míos, aquí está el Gato". Rápidamente, los policías cerca del área se abrieron paso entre la multitud y, luego que el pastor oró, le aconsejó que confiara en Dios. Entonces los oficiales de la ley lo arrestaron.

Algún tiempo después, recibimos una llamada en la iglesia de aquel pastor que organizó la campaña. el Gato le acompañaba, pues todos los casos se habían caído y el gozaba de libertad. Hoy día, el Gato es pastor en la República de Venezuela. ¡Bendito y exaltado sea el nombre del que viene otra vez!

En el año 2004, un domingo en la mañana, en medio de la culminación de cuarenta días de ayuno en nuestra congregación, mientras el pueblo clamaba a Dios para finalizar el servicio, El Soberano comienza a hablar a la grey a través del pastor diciendo:

"Clama, pueblo, clama, dice El Señor que clames". Luego de unos minutos, una joven comenzó a hablar en lenguas que parecían ser orientales o algo así. De repente, se desató una unción poderosa en la iglesia, todos caían al suelo y comenzaban a llorar. De inmediato, el pastor comenzó a interpretar las lenguas. Así dice el Señor: "Hay una joven de nombre Tai-Chei que huye de su casa. Clamen. Su vida corre peligro. Tengo un plan para esta joven. Ustedes han sido escogidos para que a la distancia clamen de rodillas por ella, pues le amo y deseo salvarla".

Un mes más tarde, el pastor recibe una invitación para estar en Japón, Rusia, las Coreas (Norte, Sur) y China. En este último, al salir de su hospedaje en compañía del pastor anfitrión, quien a su vez era el intérprete, se les acerca una joven que estaba viviendo en las calles, les habla en una lengua extraña que llama la atención del pastor Luis Rodríguez. Entonces le pregunta al anfitrión por lo que sucede. La joven está hablando en coreano, dice que lo conoce y que usted oró por ella en sus sueños, le interpreta. ¿Cuál es tu nombre? La joven lo mira entre lágrimas y sollozos. Tai-Chei, le responde. Aunque parezca algo fuera de este mundo, aquella era la misma joven por la que meses atrás el mismo Dios hacía que nuestra iglesia intercediera en clamor. ¡Impresionante! Luego de muchísimas lágrimas con sentimientos encontrados, el pastor anfitrión y su esposa, que nunca pudieron tener hijos, decidieron acoger a aquella joven en su hogar. Hoy, aquella joven maltratada y despreciada se ha transformado en la pastora Tai-Chei. Al todo poderoso Dios sea la gloria hoy y siempre.

Para el año 2007, El Eterno habla una vez más a través de este siervo escogido diciendo:

"Dentro de dos semanas, el día viernes, convoco a la congregación a venir aquí a las once de la noche para orar y clamar. Cuando falten quince minutos para las doce de la media noche, guardarán absoluto silencio. En ese momento, partirán de aquí a la plaza pública de este pueblo (Loíza) y todo lo harán en total silencio; no hablarán el uno con el otro, no encenderán los radios de los autos, llevarán consigo aceite para ungir la plaza pública y orarán por este pueblo. Al culminar, partirán a sus hogares; y aun en el camino, guardarán silencio. Al llegar a sus hogares, no hablarán con nadie y se retirarán a descansar en silencio. Luego, solo esperen escuchar noticias sobre mí porque yo me glorifico, dice El Señor."

Seguimos todas las instrucciones al pie de la letra e. Incluso, una patrulla de la policía asistió al lugar y, cuando les explicamos lo que estábamos haciendo, se quedaron y velaron por la congregación. Aparte de esta excepción necesaria, todo se hizo en total y absoluto silencio. Partimos a nuestros hogares como ordenó nuestro Señor. Jamás imaginamos lo que pasaría luego.

Al día siguiente, fui a la iglesia a eso de la una de la tarde para realizar un trabajo que nunca pude hacer, pues el teléfono nunca dejó de sonar. Personas de nuestro pueblo no dejaban de llamar para felicitar a la iglesia por la hermosa actividad de la noche anterior. En un principio, claro está, no sabía a qué se referían porque todo lo que realizamos fue en total silencio como fue ordenado por Dios y sin publicidad alguna.

Cada llamada que recibí me impresionó mucho porque, sin excepción, todos estaban de acuerdo en sus historias. Decían:

"La música que estaban tocando era tan hermosa que parecía celestial, los clamores que hacían por el equipo de sonido eran tan profundos que teníamos que llorar; pero lo más maravilloso de todo fueron los fuegos artificiales porque eran totalmente diferentes a los de costumbre".

Les recuerdo que realizamos la actividad a las doce de la media noche, que todas estas personas vivían a distancia del lugar donde intercedíamos en oración y que, además, todo se hizo en silencio. La única explicación a esto es que el Poderoso de todos los tiempos, de alguna forma magistral, se había glorificado una vez más en medio de nuestra Congregación y a través de este, mi pastor y amigo. Como consecuencia directa, vimos el arrepentimiento de muchas almas a los pies de Cristo en los siguientes meses. ¡Mi Dios es Real!

En la República de Colombia, justo en la municipalidad de San Andrés, Ciudad de Chimá, durante una campaña en otoño del año 2009, en medio de una muchedumbre de unas cinco o seis mil personas, tal vez más, muchos de los presentes vinieron en busca de un milagro. En aquel lugar, había paralíticos, sordos, ciegos y muchos otros enfermos a los que Dios les otorgó sanidad divina.

La segunda noche resultó sumamente impresionante cuando en medio de la predicación un niño de solo nueve años comenzó a subir las escalinatas hacia la tarima. Cada peldaño tenía la inusual altura de dos pies de alto, pero fue muy fácil para aquel pequeñín el poder escalarlas. El niño toma al pastor Luis de la mano y le pide que ore por él. Para nuestra sorpresa, la madre del niño, quien también sube a la tarima, relata que su niño padecía de artritis crónica y esta se había convertido en una distrofia muscular que le tenía postrado sin poder caminar por varios años. Al escuchar la campaña la noche anterior, transmitida por radio, el niño suplicó que los padres lo trajeran a la cruzada. Así que con mucha dificultad los tres viajaron más de una hora en motora para llegar al lugar de reunión. En medio de la predicación, le pidió a la madre que lo pusiera en el suelo. Al ella dudar de la solicitud del niño, él comenzó a hacer fuerza y, al tocar el suelo sus pies…Ya conocen el resultado.

La siguiente noche, la campaña era en otro municipio y el niño pidió que lo llevaran para agradecer al Creador por su sanidad. Así lo hicieron sus padres y todos juntos lloramos en agradecimiento al Dios maravilloso. Fueron muchísimos los testimonios en esta misma campaña, y aun después de la misma, que se pudieron evidenciar; pero hay uno de ellos que fue para mí el más especial de todos.

En enero del 2007, fui diagnosticado con un cáncer en etapa terminal. Los médicos me dieron un año de vida como expectativa, pues yo no quise someterme a ningún tratamiento. Aunque ya había pasado el tiempo, dos años y medio para ser preciso, la misericordia del Señor me sostenía.

Esa noche de campaña, los dolores eran tan insoportables que bajé de la tarima y, mientras tomaba algunas fotos, traté de esconderme entre la multitud, que estaba al frente en oración y en espera de la sanidad divina, para intentar pasar un poco el dolor donde nadie me pudiera ver, según mi parecer.

De repente, estando en medio de aquella multitud, el pastor se vuelve a mí, pone su mano sobre mi hombro y grita por el micrófono:

"Escucha, Dios…nunca te pido nada para mí, así que hoy te ruego que me escuches y me respondas. No se muere, no se muere… Que lo sepan en el cielo, que se estremezca el infierno, pero hoy te pido, como amigos que somos, que no estoy dispuesto a perder a una de mis ovejas. No se muere".

Mientras él clamaba, yo sentí que el dolor desapareció. Al llegar a Puerto Rico, los médicos confirmaron que el cáncer había desaparecido. Como la Sagrada Escritura dice en el libro de los Salmos… *Una vez habló Dios; Dos veces he oído esto: Que de Dios es el poder* (62:11).

Si me lo pidieran, podría escribir todo un libro de las experiencias vividas al lado de este hombre durante los catorce años que el Eterno me ha permitido estar a su lado y acompañarlo a lugares de nuestro planeta donde nunca soñé que pudiera llegar. Si volviera a nacer y me dieran la oportunidad de escoger como servir a Dios en otra vida, definitivamente, y sin pensarlo dos veces, volvería a tomar la decisión de trabajar junto a quien considero mi mejor amigo: el pastor Luis Rodríguez, un ministro como pocos quedan.

El niño crecía y se fortalecía

y se llenaba de sabiduría;

y la gracia de Dios reposaba en él.

Lucas 2:40

CAPÍTULO 5

Ya no era el niño aquel

Aquella etapa de niño, sin darme cuenta, quedó atrás. Mi estilo de predicación comenzaba a formarse. Sentía mayor seguridad en mi comprensión de las escrituras a la vez que observaba cómo el Espíritu Santo me permitía cautivar al oyente gracias a su presencia. Abandonar mi niñez me colocaba en una nueva situación desconocida: adolescencia. Que difícil era sentir que podía razonar, analizar y llegar a conclusiones, que, en la mayoría de los casos, nadie quería escuchar. La adolescencia es una etapa transitoria a la adultez, pero extremadamente difícil de asimilar porque es en estos años en donde surge la clásica frase "que ignorante, necesitas madurar". En primer lugar, me preguntaba todo el tiempo *qué es ser ignorante* y en segundo lugar, me repetía constantemente "Yo soy maduro" … Casi pude escuchar tu risa al leer este pensamiento. Sí, claro que sí, aún recuerdo la osadía que se siente ser adolescente.

Mis ideas son excelentes. Si me dejaran opinar, cambiaría tantas cosas a mi alrededor; cuando sea más grande alcanzaré el éxito y entonces les demostraré a todos que se equivocaron al no dejarme participar…; yo sé qué hacer.

Estas son solo algunas frases que quería resaltar de lo que pensaba mi alocada y desafiante mentalidad juvenil, pues, desesperadamente, anhela el aprendiz de la vida verse bien, parecer inteligente y ser admirado por los demás, incluso hasta por él mismo.

¿Por qué te desesperas tanto por tener la razón? ¿Por qué te resulta tan difícil estar equivocado? ¿Por qué será tan importante ganar cada discusión?

Por mucho tiempo, me sentía avergonzado de mí mismo sin entender la razón. Fueron años de grandes complejos y profundas decepciones. Así que sentía la necesidad de discutir y desafiar a cualquiera con la intención de mostrarles que sabía de lo que hablaba. Si aún no encuentras la palabra que describe mi pasada actitud o tu actitud presente, déjame ayudarte. Se llama "soberbia", mejor conocida como "orgullo". La soberbia puede engañar al corazón del ministro (Abdías 1:3).

Doy gracias al que me llamó por los padres que me otorgó. Mientras que Sergio Rodríguez –papá- me inculcó el amor y la pasión por las Sagradas Escrituras, Maritza Torres –mamita- me disciplinó y persistió con mucha firmeza en la importancia de combatir el orgullo en mi vida dándole la Gloria a Dios. Ambos influenciaron en mi formación ministerial hasta el presente.

Mis padres fueron, y son, un factor determinante en mi lucha por sobreponerme al ataque del orgullo que vuelve arrogante los corazones. En tu caso, no tienes a mis padres. Así que permíteme recomendarte que es muy necesario tener en la vida a personas que nos recuerden, durante el recorrido ministerial, la importancia de mantener los pies en el suelo, aunque la visión esté en los aires.

Estimado lector, toma en cuenta que el ministerio que Dios te dio no puede ser más importante que el Dios que te lo otorgó. Invertir el orden de las cosas es asegurar tu fracaso ministerial. No olvides jamás que todo lo que eres y serás no es por tus fuerzas, sino por el plan del Soberano detrás de tus fuerzas.

Ni joven ni adulto; solo era predicador

Fue el periodo de tiempo más desesperante de mi vida. *no*, no es exageración. Mi adolescencia me colocó en una situación muy difícil. Parecía ser demasiado maduro para los jóvenes, pero, a su vez, era demasiado ignorante para los adultos.

Entonces, ¿qué era? Solo era un predicador, pero esto no parece desesperante. Tal vez, no lo sea para mí en este tiempo, luego de más de dos décadas de trabajo ministerial; pero en aquella época era todo lo contrario. Mientras todos se divertían en grupo, yo predicaba. Mis prioridades no eran las prioridades de los demás y parecía ser que nadie entendía mi necesidad de ir en pos de las pisadas de aquel que me dijo un día: "Ven y sígueme". Aquello que escuchaba de los demás, cuando me describían, eran expresiones, muchas de ellas, ofensivas o despreciativas: es un fanático, un espiritual, se cree mejor que los demás, nunca deja de predicar, es un santurrón, un bobo que no logrará nada, él no tiene lo que se necesita...

En el ascenso ministerial, mi amado lector, siempre encontrarás miles de pequeñas mentes que al momento de pensar o soñar diferente a ellos todos pensarán que vas en contra de la corriente o que te sientes más que ellos. Las personas que te critican u ofenden, sin que tú les hayas hecho nada, lo hacen porque les molesta lo que tú haces o tienes y se molestan porque se sienten inferiores a ti; o porque se creen muy superiores. Si se creen muy superiores, es porque tratan de compensar algún sentimiento de inferioridad. Entonces, podemos resumir que la causa principal de esas conductas es alguna inferioridad probablemente invisible a la consideración de los demás, pero de alguna manera muy visible para el acomplejado.

¿Qué hice? ¿Qué puedes hacer?

Enfócate en tus metas y objetivos. Nunca permitas que aquellos que no ven lo que tú vez te desenfoquen de la visión que Dios colocó delante de ti. Hoy es el mejor momento para comenzar. Fue lo que hice y es exactamente lo que hago hoy.

Celos, envidia y contiendas ministeriales: un mundo INEXISTENTE para mí

Con gran sentido de responsabilidad, mi espíritu grita por la carga que Dios ha puesto en mi corazón y la urgente necesidad de hablar a vidas que hoy se encuentran en prisiones, pero no en las prisiones con barrotes de hierros y muros de concreto. Me refiero a otro tipo de prisiones: las prisiones con barrotes de papel y muros de indiferencia espiritual. Prisiones de las que Cristo nos vino a sacar. Sin embargo, sorprendería a muchos saber que millones de cristianos todavía se encuentran en prisiones espirituales rodeados de estos barrotes de papel y muros de indiferencia por voluntad propia o por un compañero de milicia que les marginó hasta llevarle a una prisión no solo espiritual, sino también emocional.

Un prisionero no puede ser feliz. Aunque en ocasiones pareciera serlo, la realidad es que dicha felicidad es solo un espejismo, una ilusión pasajera. El prisionero se adapta a su nuevo ambiente, se acostumbra a ciertas cosas; pero en el fondo de su corazón, hay tristeza, amargura y soledad.

La envidia es el "disgusto o pesar por el bien ajeno", es la tristeza causada en uno, por el bienestar de otro…Leí en una ocasión que uno de los males culturales arraigados dentro de los países de América es la envidia y que, a su vez, de esta provienen muchísimos males.

Jesús de Nazaret enseña que ese sentimiento de envidia se añade en el corazón humano y de ahí, desde dentro, sale y contamina la esencia del hombre. ¿Qué es lo que produce la envidia? Entre muchas cosas, produce desobediencia, robo, enfermedad, celos, codicia, crítica, traición, amargura, muerte y tantas más...

Interesantemente, los Celos son el resultado inevitable de la envidia. Es el sentimiento que acompaña al temor de perder algo amado, un deseo enfermizo de obtener algo que alguien posee. Este sentimiento se utiliza como justificación de conductas muy negativas que, en la mayoría de las ocasiones, provocan daños emocionales y espirituales muy difíciles de reparar.

La Biblia aporta muchos ejemplos de personas envidiosas, así como los efectos y prejuicios que cada uno acarreó al actuar con envidia. Fuera de toda duda razonable, esos ejemplos están registrados en las Sagradas Escrituras para que, como buen soldado de Jesucristo, combatas la envidia, no sufras de sus consecuencias ni seas víctima de ella. Por esto, debemos examinar nuestro corazón con frecuencia para identificar si tenemos envidia. Un mal sentimiento que no solo contamina, sino que va arrinconando al hombre y le va minando impidiéndole vivir en santidad; y llevándolo detrás de barrotes de papel y muros de indiferencia espiritual.

Eclesiastés 4:4
"He visto asimismo que todo trabajo y toda excelencia de obras despierta la envidia del hombre contra su prójimo. También esto es vanidad y aflicción de espíritu."

Existen muchas ocasiones que en lugar de alegría por la bendición del prójimo se despierta la envidia y los celos, a veces sin esperarlo. Y es que la envidia produce muchos males y contrariedades. Quizás no haya necesidad de demostrarlo, pero resaltaré algunos casos:

- Lucifer (portador de la luz) - Creado como un querubín protector hasta que se encuentra maldad en él (Ezequiel 28:15). Así que codicia, cela, critica y traiciona a su Creador. El libro de Isaías 14:14 dice: "... sobre las alturas de las nubes subiré y seré semejante al Altísimo." Este es el origen identificable de la envidia. Por eso, Lucifer es arrojado del cielo transformándose en Satanás, el adversario.

- Génesis 3:4 - En el huerto del Edén, la serpiente dijo: "Serán abiertos vuestros ojos y seréis como Dios, sabiendo el bien y el mal". ¡Qué oferta, qué oportunidad! ...Imagine. Ser como Dios. Ya no más semejantes a ÉL, sino como ÉL. Satanás alimenta el sentimiento de inconformidad con lo poseído. Probablemente, comenzaron a sentir envidia de Elohim, el Creador, gracias a la influencia de aquel que poseía la serpiente; tanto así, que Eva vio el árbol como bueno y codiciable, comió de este y dio a su marido. Entonces fueron abiertos sus ojos por la desobediencia, por la envidia, por el pecado; ya era tarde para retroceder al Edén. Ahora se enfrentan a un mundo que jamás pensaron pudiera existir. Listos o no, este sería su nuevo mundo.

- Raquel - Envidiaba a su hermana de sangre, Lea, porque tenía más hijos que ella (Génesis 30:1).

- El hermano del hijo pródigo - Era el dueño absoluto de todo lo que había en su casa, pero envidió la alegría y el amor del padre que festejaba el retorno de su hijo. (Lucas 15:22-32)

- Caín el homicida - ¿Qué lo ocasionó? La envidia. Es muy importante no subestimar el daño que puede hacer este pecado (Génesis 4:3-8).

La envidia es un propulsor que lleva a otros tipos de pecados como la crítica y el chisme que evolucionan a la murmuración y alcanza, incluso, una etapa de calumnia.

- ¿Recuerdas el pasaje cuando Jesús fue ungido en Betania? Juan 12:3-5 relata: "Entonces, María tomó una libra de perfume de nardo puro, de mucho precio, y ungió los pies de Jesús; y los enjugó con sus cabellos; y la casa se llenó del olor del perfume. Y dijo uno de sus discípulos, Judas Iscariote, hijo de Simón, el que le habría de entregar: "¿Por qué no fue este perfume vendido por trescientos denarios y dado a los pobres?"

Te das cuenta de que aquel que presenta su opinión mal intencionada no es otro más que un envidioso, criticón, codicioso y pecador. Si María hubiera ungido los pies de Judas, ¿hubiera protestado? De seguro que *no*… Por el contrario, tal vez solo hubiera presentado una modestia falsa: "Ay, María, no era necesario". Así mismo, existen miles de seres que dicen ser creyentes y servidores de Cristo, cantan junto a ti, alaban junto a ti, sin embargo, son líderes y ministros de *El Lado Oscuro del Evangelio*. Difícil de entender, pero real, pues estos solo piensan en su bendición y beneficio. Lo demás no tiene valor o importancia alguna. Son compañeros de milicia en los que no se debe ni se puede confiar, pues en cualquier momento, quien dice ser tu hermano puede ser también un homicida de tu vida espiritual. La envidia ha estado siempre presente en la historia de la humanidad. Es un sentimiento tan terrible que fue la causa de la muerte del único justo que ha nacido en este planeta: Jesús de Nazaret. Puedo afirmar con seguridad que el sentimiento de la envidia es un pecado que condena, destruye y mata inocentes por lo que es incomprensible cómo en la vida de un cristiano puede albergarse una conducta tan impropia y lejos del fruto del amor cristiano. La Biblia dice en 1 Corintios 13:4 que "...el amor es sufrido, es benigno; el amor *no* tiene envidia..." ¿Podrá existir un cristiano envidioso? Es como preguntar si existe un sano enfermo. La escritura da una respuesta en Santiago 3:11-12 "... ¿Acaso alguna fuente echa por una misma abertura agua dulce y amarga? ¿Hermanos míos, puede acaso la higuera producir aceitunas o la vid, higos? Así también, ninguna fuente puede dar agua salada y dulce."

Muy a pesar de lo improbable que suena, existen muchos que viven siendo envidiosos. Cristianos que se engañan a sí mismos porque Dios no puede ser engañado. Creen que pueden ser líderes y matar a los que anhelan llegar a convertirse en líderes también. Es la misma envidia que perturbaba al rey Saúl para que matara al joven David (1 Samuel 18:5-15). La misma envidia que no rechazó Absalón quien enfrentó al rey David, su padre, encontrando su muerte en su absurda lucha que no debió comenzar (2 Samuel 15).

Las sagradas escrituras tienen la respuesta en Proverbios 3:31-33: "No envidies al hombre injusto ni escojas ninguno de sus caminos. Porque Jehová abomina al perverso... Pero bendecirá la morada de los justos".

Creo que puedes darte cuenta de que no debes sentir ninguna clase de envidia. La envidia y los celos amargan porque son una condición espiritual en el ser humano que hacen mucho daño; vienen de la carne, pero su efecto se manifiesta en nuestra salud emocional. Me compadezco de la persona envidiosa porque nunca puede encontrar paz por largo tiempo. Siempre su mente está corriendo en busca de algo más sin saber que, ese algo adicional, le llevará con facilidad a una vida de contantes contiendas.

Conozco muy bien lo que es ser víctima de la envidia. Esta es la razón principal para escribir este libro.

Perseguido por las calumnias

Pero nuestro Padre Celestial nos ama y envió a su hijo para hacernos libres de esas prisiones. No hay necesidad de que sigamos viviendo así. ¡Libertad a los cautivos! Jesús vino a predicarme la mejor noticia. Jesús vino a vendar mis heridas y sanarlas. Jesús vino a dejarme saber que ya no somos más cautivos del pecado. Yo no tengo necesidad de vivir con pensamientos de malicia. Porque Cristo trae la luz a mi vida, ya las puertas de esas prisiones, que antes me atormentaban, se abrieron totalmente. Lo difícil de salir de ahí es que ya te acostumbraste a vivir en esa prisión. Ya hay muchas cosas que vienen naturalmente a ti. Estas costumbres son como el que después de acostumbrarse a dormir en cama dura no puede dormir en cama suave. Hay que cambiar de lugar. Afuera de la celda no se puede vivir como cuando se está en la celda. Romanos 13:13-14 dice: "Andemos como de día, honestamente; no en glotonerías y borracheras, no en lujurias y lascivias, no en contiendas y envidia, sino vestíos del Señor Jesucristo; y no proveáis para los deseos de la carne."

Los apóstoles mismos enfrentaron el problema. Este es un cáncer que debemos extirpar de la iglesia o, al menos, de nuestras vidas si queremos vivir en paz. *No* darle cabida en nuestra vida es una responsabilidad de todos. La emisión de juicios, hablar de los demás, es una práctica común. Incluso, aunque se tenga muy poca base y no tengamos argumentos, emitimos juicios en contra de las personas solo por simples sospechas o por comentarios aislados generados, muchas veces, por personas rencorosas y frustradas que se sienten aliviadas hablando mal de los demás.

Permítame definir algunos términos que se asemejan citando al Diccionario de la Real Academia de la Lengua Española. Maledicencia es la acción o hábito de hablar en perjuicio de alguien denigrándolo. La calumnia es aquella acusación falsa hecha con el propósito de causar daño. El chisme se define como una noticia verdadera o falsa con que se murmura o se pretende difamar a una persona o en muchos casos a una institución. La envidia es la tristeza causada en uno por el bienestar de otro; o lo que es igual, amargarse porque alguien la está pasando mejor que uno, lo que sea que esto signifique: más dinero, fama, talento, un ministerio más amplio, etc.

Reflexiona:

Un sabio fue visitado por un amigo que se puso a hablar mal de otro amigo del sabio y este le dijo: *"Después de tanto tiempo, me visitas para cometer ante mí tres delitos: primero, procuras que odie a una persona que amo; segundo, me preocupas con tus palabras haciéndome perder la serenidad; y tercero, te acusas tú mismo de calumniador y maledicente"*.

De la envidia nace el odio, la maledicencia, la calumnia, el chisme y la alegría (envidia) causada por el mal del prójimo. Es la falta de ética cristiana o la falta de relación íntima con el Dios Creador lo que nos hace ocuparnos más de la vida de los demás que de la propia. Tal es así que pareciera que el chisme se ha convertido en algo normal y cotidiano en muchos de los modernos cristianos de este siglo. Hay gente que se pasa horas hablando o murmurando de otras personas, muchas veces sin darse cuenta del error que están cometiendo. Lo peor es que ellos mismos afirman no ser chismosos. Muchas veces, el "error" es premeditado, lo hacen maliciosamente, con la intención de causar daño a alguien en particular. Puede ser por rivalidad, celos, competencia, enemistad, oposición, antagonismo, pugna, envidia, o tantas otras razones. Lo realmente alarmante es que existen ministros de experiencia que con mucha sutileza dominan el arte oscuro de desprestigiar y hablar mal de los demás; hacen correr rumores en contra de aquellos a los que envidian o les caen mal sin considerar el daño que causan a las reputaciones y a la honra de esos ministerios.

También hay los que chismean sin maldad aparente, ¿no sabes la última?, solo para sentirse importantes; y otros que son empujados posiblemente por un gran complejo de inferioridad. Se sabe que el rasgo principal del chisme es la mentira o la verdad dicha a medias para infundir la calumnia. Si a esto le añadimos que cada oyente, al momento de contárselo a otro, le agrega un poco más de sazón de su propia inventiva, nos encontramos con monstruosidades que destruyen la dignidad del ministro afectado. Lo grave es que, increíblemente, se usa el chisme contra personas consideradas amigas, compañeros de la fe, actuando con una hipocresía difícil de entender.

Los seres humanos somos generalmente egoístas y nos centramos en nuestros propios problemas, pero cuando se trata de encontrar defectos y hacérselos saber a todo el mundo, ahí sí, sabemos centrar la atención en los demás y dejar nuestro yo de lado. Pareciera que todos somos expertos en las vidas ajenas… Hasta hay programas radiales y televisivos para satisfacer esa área de nuestra humanidad.

¿Será que mientras nos ocupamos de hablar de los demás no nos queda tiempo para mirarnos a nosotros mismos? ¿Descargamos en los demás nuestras propias frustraciones? ¿Hablamos de las carencias de este o de aquel para no tener que enfrentar las propias? ¿O nos escondemos en la broma y en contar historias ajenas con sarcasmo para no asumir nuestras propias incapacidades?

Cuando se genera un rumor, la bola va creciendo y cada persona por la que pasa va añadiendo algo de su propia cosecha y el mensaje original se va convirtiendo en algo irreconocible. ¿Recuerdas el juego de pasar el mensaje secreteando al oído? Después de pasar por varias personas, el mensaje estaba totalmente tergiversado e irreconocible. Pues lo mismo pasa, en muchas ocasiones, en nuestra vida.

En muchos casos, la información transmitida se basa en afirmaciones sin sentido, pero el daño causado por la maledicencia, la calumnia, el chisme o la envidia es muy difícil de reparar. No siempre nos damos cuenta de las consecuencias inmediatamente. Se agravia, ofende y calumnia con una facilidad increíble. Si le preguntamos a un chismoso de dónde ha sacado esas expresiones, responderá: "Lo escuché", "me dijeron", "lo comentaron cerca de mí y alcancé a escuchar la conversación", "me lo contó un amigo" ...Los chismes son informaciones deformadas que tienen un ciclo similar a los rumores. Como si fueran seres vivos, nacen, se desarrollan y mueren. Incluso, pueden volver a avivarse con nuevas fuerzas, aun cuando parecía que estaban muertos. El chisme, la murmuración son productos de la convivencia social que se aprenden con el tiempo. Todos, de alguna forma, lo hemos practicado alguna vez. ¿No estás de acuerdo? Permíteme mostrarte que la Biblia certifica este análisis.

Eclesiastés 7:21-22:
"No prestes atención a todo lo que se dice y así no oirás cuando tu siervo hable mal de ti, aunque bien sabes que muchas veces también tú has hablado mal de otros" (NVI).

Murmurar es atentamente escuchar a tu hermano hablar de un tercero, creer aquello que comenta juzgando al prójimo sin tener la seguridad de que ese comentario es verdad y, en el peor de los casos, comentar a otros lo que no sabes si es cierto. El que murmura hace daño a más de una persona: a él mismo, al que escucha sin desmentir al comunicador y a la persona o personas de quien se murmura.

Si se tiene algo que reprochar a alguien, él es la primera persona que debería escuchar el reproche; pero, lamentablemente, por la falta de sinceridad que nos caracteriza, el hablador se encuentra con el compañero, le sonríe, le saluda con palabras amables y hasta le adula; para después, apenas despedido, comenzar, de una manera u otra, a hablar mal de él, una vez más, repitiendo el ciclo de manera interminable.

En el caso de la calumnia, esta es considerada como un modo de difamación que destruye a la persona afectada no solo por las heridas que produce, sino por la dificultad de repararlas. Aunque a uno le importe poco la opinión ajena, la calumnia abre las puertas a la duda. La calumnia tiene su mejor cómplice en el "piensa mal" y hace tambalearse hasta las más firmes convicciones acerca de la rectitud o la honradez de una persona, incluso hasta una vez aclarada la mentira. Conocí amistades que se destruyeron por enredos deliberados causados por terceros. El veneno de la calumnia ha roto parejas y ha desmembrado familias, igual que ha provocado depresiones y sembrado discordias irreparables. Antiguamente, el honor y la honra eran los bienes más preciados de las personas; su pérdida se consideraba una terrible catástrofe. En nuestros días, estos conceptos pareciera que han quedado anticuados y lo que heredan estas nuevas generaciones es una sociedad donde reina la mediocridad y la falta de valores morales.

La Biblia dice:

"Quítense de vosotros toda amargura, enojo, ira, gritería y **maledicencia**, y toda malicia" (Efesios 4:31).

Al comenzar este recorrido ministerial, no conocía todas las lágrimas que derramaría y cuantas veces lastimarían cruelmente, con y sin intención, mi corazón. Nadie te dice eso el día en que aceptas el reto de responder al que te llama. Por el contrario, todos me felicitaban ante cualquier palabra profética o logro alcanzado en el evangelio. Era como si todos supieran la tormenta que se avecinaba, y se dijeran entre sí: "Dejen que él lo descubra solo". ¡Qué pronto descubrí el lado oscuro del evangelio! Los que me rodeaban aceptaban mis cualidades siempre que las mismas les beneficiaran, pero si esas mismas cualidades me colocaban en posición de ser evaluado o comparado para alguna posición, entonces eran una amenaza y había que neutralizar al oponente. En una ocasión, mientras cursaba el undécimo grado en 1990, se corrió el rumor de, en los EE. UU., que Luis Rodríguez estaba apartado de los caminos del Señor y ahora era adicto a las drogas. Consecuencia de esa calumnia llegaron dos mujeres de Dios a mi hogar en Puerto Rico para hablar conmigo y clamar al cielo por el predicador caído de la gracia de Dios. Mi amada "mamita" les recibió y escuchó lo que ellas tenían que decir. Entonces les pidió que esperaran, pues se suponía que estuviera por llegar. Las siervas de Dios, sorprendidas, me ven llegar y dan gracias al Poderoso, pues me encontraban en perfecto estado. Regresaba de un compromiso de predicación y, al escuchar entre sollozos sus palabras, entonces el sorprendido era yo al conocer la gravedad de los comentarios.

La gran verdad es que jamás lograrás acostumbrarte a la crítica. Muchos creen poder hacerlo, y me incluyo, , pero la realidad es que un día, en algún momento, cuando menos lo piensas o esperas, te das cuenta de que lo único que hiciste fue almacenar cada palabra hiriente, cada mal comentario, cada calumnia o mentira en lo más profundo del corazón diciendo una y otra vez *no* me afecta, estoy bien, Dios está en control, todo obra para bien…Pero esto es solo un proceso improvisado de psicología comunitaria invertida con el fin de hacerme sentir bien con mis propias palabras y proyectarme inquebrantable ante los demás. Cuando ese pequeño instante de fragilidad llega, te sientes perdido, confundido y destruido. La depresión y el desánimo toman control de tus metas y emociones; entonces solo tú eres quien determinará cuánto espacio estás dispuesto a ceder en el control de tus emociones. Unos minutos, unas horas, unos días, unas semanas, unos meses o unos años.

Por contrario que esto parezca, la realidad es que la maledicencia, las calumnia, los chismes o la envidia son desiertos necesarios a los que tendrás que enfrentarte para el crecimiento individual. Cada adversidad te prepara para la siguiente y, a su vez, te haces cada vez más fuerte. Aprendí antes de lo esperado que nunca se es lo suficientemente fuerte ante el ataque de aquellos a quienes llamamos hermanos. Solo se resiste, pero al final siempre existirá una gota que derrame el contenido de tu vaso; y es allí donde nos rendimos, unos primeros y otros, después, a los pies del maestro para que este nos restaure para volver a repetir el ciclo de la calumnia.

Las palabras sabias que aconsejó el rey Salomón en la Biblia siguen siendo efectivas:
"Mejor es vivir en el desierto o dormir con una gotera cayéndote en la cara en una noche lluviosa que convivir con un chismoso" (Proverbios 21:19; 25:24).

Si queremos vivir una vida más significativa, debemos buscar la forma de dejar de "interesarnos" en las vidas ajenas y comenzar a preocuparnos más de nuestras propias vidas; es decir, dedicarnos a mejorar y a corregir nuestros defectos. Debemos ser más sinceros cuando hablamos con las personas y más tolerantes cuando hablamos de ellos. Si vemos algo con lo que no estemos de acuerdo o alguna cosa molestosa en alguno, debemos ir directamente a él; y, entonces hablarle claramente demostrando nuestros argumentos y sentimientos. ¡Cuántos males, sufrimientos y rencores serían evitados si cada día de nuestras vidas habláramos con sinceridad!

1 Pedro 3:10:
"Aquellos que amamos la vida y queremos ver días buenos tenemos que refrenar nuestra lengua de hablar mal de los demás y de decir calumnias".

Palabras con luz del Apóstol Pedro para poner por obras en nuestras vidas ministeriales:

"*Doy gracias al que me fortaleció,*
a Cristo Jesús nuestro Señor,
porque me tuvo por fiel,
poniéndome en el ministerio".

1 Timoteo 1:12

CAPÍTULO 6

Credenciales

C reo con firmeza que el ministerio de cada quien comienza el día en que sientes esa convicción, escuchas esa voz, lees ese pasaje bíblico, lloras con ese cántico o recibes ese mensaje de Dios en labios de ese profeta que desarma y quebranta tu voluntad humana para que se cumpla su voluntad divina.

Lo que quiero demostrarte con esto es que no existe una manera única en la que Jehová Tsid-Kenu realice las cosas. Tomó a José y lo sacó del desierto para llevarlo al palacio, pero toma a Moisés y lo saca del palacio para llevarlo al desierto; Noé pregona el mensaje durante décadas y solo lo acepta su familia cercana mientras que Pedro, en su primer mensaje, alcanza a miles con la gracia de la salvación; Elías y Jonás huyen de sus responsabilidades ministeriales, pero el final de ambos es muy diferente entre sí. Ambos son perdonados, pero Elías es llevado al cielo en un carro de fuego mientras que Jonás es llevado en el vientre del gran pez a las costas de Nínive para enfrentar su responsabilidad de pregonarles el mensaje de juicio y arrepentimiento. Como podrás entender, el fin de nuestro Señor y Rey es formarnos para la labor ministerial que debemos realizar. En el camino tendrás miles de preguntas sin respuestas, pero confía en el Dios de las respuestas.

Me reafirmo en que el ministerio que administro desde mi infancia nació aquella madrugada en que el ángel me habló, pero los años habían pasado y estaba a punto de entender que Dios tiene gente posicionada en los lugares correctos para los tiempos correctos. Sé prudente, muy prudente, en tu caminar porque siempre hay ojos que te mirarán con agrado y admiración, aun cuando no sea de tu conocimiento.

Era lunes en la noche y, como cada semana, me encontraba en el servicio de oración en mi congregación, la iglesia Defensores de la Fe Cristiana, Rayos del Sol. Fue entonces cuando la secretaria general de la congregación, María Elena Casillas, me interrumpe y con la sonrisa que siempre la caracteriza me indica que el pastor Rubén Casillas me llama a la oficina. A pesar de la sonrisa dibujada en su rostro, mi corazón se enfrió y comenzó a palpitar tan lentamente que retumbaba el sonido en mis oídos; sentía temor de escuchar la nueva queja, la nueva calumnia o la amonestación del pastor por aquello que aún desconocía.

Luego de un rápido, pero profundo respiro, abrí la puerta de la oficina y con una mirada tímida le muestro sin palabras que allí estaba para aceptar lo que fuera. Casillas era un hombre muy alto y delgado mientras que yo siempre he sido bajo de estatura. Así nos encontrábamos ambos: de pie frente al escritorio en una diferencia física muy marcada. Mientras él miraba hacia abajo, yo lo hacía arriba. Esta postura me intimidaba, aun más.

- Dios te bendiga, Luis. ¿Cómo estás?
- Bien…
- ¿Sabes? He visto que estás predicando mucho y saliendo a hacer misiones también.
- Sí, gracias a Dios.

- María Elena y yo hemos hablado mucho acerca de tu ministerio.
- Ah… ¿Sí?
- Sí, y creo que sería bueno que tomaras esta solicitud y la llenes porque quiero que tengas credenciales del Movimiento Defensores de la Fe Cristiana como obrero-misionero.
- Eh, … eh…este…Gracias, pastor…
- Llénala y se la entregas a la secretaria.
- Okay…Gracias, Pastor.

Salí de la habitación sin mirar atrás y otra vez con más preguntas que respuestas. Estaba impresionado, sorprendido, incrédulo, emocionado, pero asustado. ¿Quién puede culparme? Era un adolescente de diecisiete años a quien le decían: "Te hemos observado, te estoy considerando porque estás en los planes de Dios". De regreso, a la banca en la que siempre me sentaba junto a mis amigos Bennie Betancourt y Leonel Rivera, caminaba como en cámara lenta, aún incrédulo con mi solicitud en la mano. ¿Qué pasó?, inmediatamente me preguntaron. A lo que respondí de inmediato sobre lo que terminaba de suceder.

Mirándonos en silencio (hoy en día todavía pienso) aquella noche, los tres supimos que todo cambiaría de ahí en adelante en los caminos de nuestras vidas.

Víctor Ríos, Juan Tirado y Rubén Casillas

Estos tres distinguidos pastores del santo evangelio fueron muy diferentes entre sí en carácter, visión, enfoque, estilo interpretativo, como maestros, hasta como predicadores, pero a pesar de esto cada uno me regaló una aportación y una formación invaluable para la carrera ministerial. Sé muy bien que Dios les usó en sus diferencias para formar en mí similitudes que asimilé de cada uno de ellos.

Víctor Ríos siempre fue una figura distante e inaccesible en aquella primera etapa de mi crecimiento, la niñez. A pesar de esta verdad, influyó indirecta y directamente más de lo que ningún otro pastor haya logrado hasta el presente. Era solo un niño de pocos años y no tengo una explicación lógica para lo que te expreso. Aún, no entiendo cómo cada estudio bíblico, cada predicación, cada resumen de escuela bíblica, cada ademán o gesto físico del pastor era como un imán que me atraía de una manera inexplicable. Por obra de Dios, tal vez, es que nunca he dejado de sentir esa conexión con su persona y ministerio; jamás le he perdido esa admiración que nació hace tantos años. Nunca le he llamado "tú", siempre le he dicho "usted"; ni le he llamado de otra manera que no sea pastor o hermano Víctor.

No me considero su igual porque sé que jamás el discípulo es más que su maestro (Mateo 10:24). A pesar de ser tratado como un hijo, estar bajo su techo muchas veces, de saber cómo el ríe, de conocer cómo se enoja, de sentarme junto a él y recibir sus abrazos o hasta escuchar sus chistes, de los que no quiero abundar.

Siempre he guardado el corazón para respetar la persona de mi pastor. Tristemente, este es un hecho que parece en peligro de extinción en nuestras nuevas generaciones. Los pastores se equivocan, pero esto no es una licencia para faltarle el respeto a una figura tan incondicional como el pastor. Te aconsejo que te enfoques en sus virtudes dejando a un lado lo demás porque te aseguro que recibirás bendición en tu vida y ministerio.

Juan Tirado, como en unos capítulos atrás resalté, actuó excepcionalmente ante el primer recorrido de esta carrera. Siempre me impulsó ante cualquier compromiso de predicación. Su carácter era muy diferente al de mi primer pastor, pues era un hombre de temperamento volátil. Así recuerdo que muchos lo describían, aunque nunca tuve dicha experiencia. En todo caso, siempre recibí amonestaciones muy importantes de recordar. Jamás me humilló, nunca me faltó el respeto; siempre me sentí bajo su protección como un hijo más de la casa; y así le correspondí hasta el día de su muerte.

Rubén Casillas fue el pastor que me impulsó como ningún otro. Siempre me hablaba con visión futura, de aquello que debía aprender, de aquello que debía hacer, de aquello que veía, de aquello que no debía hacer antes ni después. Fueron incontables mis visitas a la casa pastoral y las largas reuniones que tuvimos en la oficina; aunque mis preferidas eran las conversaciones que teníamos acostados sobre el altar, cosa que hacía mucho cuando oraba por la edad avanzada que poseía, al hablar con "abuelo", como me permitió llamarle; siempre en privado, entre nosotros, aunque yo sabía que Elena, su hija, y Merín, su esposa, sabían de aquel secreto no tan secreto...

Mi tercer pastor, mi abuelo, siempre me llenó de sabios consejos y de un respaldo que a la consideración de muchos no tenía razón de ser. Nunca supe qué veía el pastor Rubén Casillas en aquel joven llamado Luis Rodríguez, pero agradezco a Dios porque así fuera.

¡Qué logro!
Reconocido por el Hombre

Tenía solo dieciocho años y parecía que el reconocimiento me llegaba de todos lados como una avalancha sin control. No entendía el porqué, no conocía la razón, pero estaba dispuesto a continuar caminando ciegamente en la dirección que me correspondía marchar.

El 1992 fue un año muy intenso, como notarás. En diciembre, me reencuentro con mi pastor Víctor Ríos en la ciudad de Poinciana, en el estado de la Florida. Allí tenía rentado un templo en sus inicios. Mientras él predicaba, comencé a decir en mi pensamiento: "Señor, yo quiero predicar como él, quiero sentir esa pasión, ese fuego y marcar generaciones con tu poder". Al terminar de predicar, pasé al altar (aún recuerdo cómo estaba vestido y el clima lluvioso de aquella noche). De rodillas en el altar, con grandes lágrimas de convicción, sentí que aquella noche se rompía algo en mi interior que había impedido que alcanzara nuevas aventuras espirituales.

El que aún llamo pastor, colocó sus manos en mi espalda y dijo: "Dios responde su petición y ten cuidado de él". Eso fue todo, no necesitó decir más. Aquella corta y simple oración rasgó mi corazón tan profundamente que, al recordarlo, siento un agradable dolor en la, aún fresca, herida.

Es inolvidable aquel invierno de 1992 porque marcó profundamente todas las áreas de mi vida. Rubén Casillas me reconoce con credenciales y el reencuentro con Víctor Ríos me lleva a una relación más cercana con él como pastor. Más adelante, en el próximo capítulo, me acompañarás en el antes y el después de esta fecha tan significativa.

Ten presente siempre una realidad que no debo dejar de mencionar en el cierre de esta sección. El reconocimiento humano no remplazará jamás el reconocimiento divino. Siempre será más importante lo que piense Dios de ti que aquello que piensen los humanos que te rodean.

Los comentarios no se hicieron esperar

Sentí con mucha intensidad, después de la oración del pastor Ríos, *hambre de Dios*. A pesar de llevar muchos años conociendo la cultura cristiana, de ser estudioso de la teología bíblica e, incluso, un predicador del evangelio recién comenzaba a despertar a la realidad de que aún no conocía aquel que me señaló para su servicio.

Al regreso a la isla, ya mis familiares habían comenzado a comentar del cambio. En cada servicio de adoración en el que participaba, mi humillación era genuina. Ahora también escuchaba los comentarios de aquellos que me rodeaban: unos positivos, otros negativos; pero sentía que era más importante mi entrega que la pérdida de tiempo buscando defenderme de comentarios que en nada ayudaban al propósito de Dios en el recorrido que apenas comenzaba.

Siempre existirán los comentarios sobre tu persona. No sé qué es lo más terrible: si la gente comentando sobre alguien o si no lo hacen.

Sé consciente. Si no edifica, si no te hará bien, entonces no lo termines de escuchar.

Aprendí a vivir con la crítica

¡Qué ironía! ¡Qué gran verdad! Los comentarios positivos o negativos provocan la curiosidad de todo el que nos rodea. Por tal razón, es muy importante que te enfoques en la meta y no en el recorrido. La mejor actitud a tomar no es una combativa para defender el honor ofendido. La mejor actitud es confiar en que el "Invisible" te tiene de su mano, él defenderá tu causa, testimonio y ministerio. Así, lo hizo conmigo. Los comentarios no me destruyeron antes, tampoco lo hacen hoy; no sé qué pasará mañana, pero puedo afirmarte con seguridad que cada vez me siento más fuerte.

Así, lo hará también en ti. Aprende a vivir en la adversidad.

Que cada tropiezo marque el comienzo de un nuevo paso para seguir adelante. Lo importante no es que caíste o cómo caíste, lo importante es cómo te levantarás, para seguir adelante. Sueña. Nunca dejes de soñar, pero decide esforzarte y persistir en la carrera que tienes por delante. En medio de tu tormenta, no mires cómo soplan los vientos contrarios que quieren destruirte con palabras hirientes que en nada aprovechan a tu espíritu; si dejas todo en las manos de Dios, verás su mano en todo.

Que nada te detenga. Convive con la crítica. Acepta esta verdad y hazla tuya porque la crítica te quitará algo que nunca pensaste perder: la vida privada; pero te dará algo que nunca creíste alcanzar: la atención de todos los demás y el cuidado de aquel que te llamó.

Y allí, se metió en una cueva,
donde pasó la noche.
Y vino a él palabra de Jehová,
el cual le dijo:
"¿Qué haces aquí, Elías?"

1 Reyes 19:9

CAPÍTULO 7

Soledad

La soledad es una experiencia que nos golpea en algún momento de nuestras vidas. Es un dolor profundo, un vacío, un sentimiento de insatisfacción que asfixia las emociones. Esta sensación puede desaparecer en pocos minutos o durar toda la vida. Es muy importante resaltar que, contrario a la creencia general, no es pecado sentir soledad. Por tal razón, no debes añadir el sentimiento de culpa ante la misma. Todo el mundo se enfrentará antes o después a esta sensación emocional. Unos se esfuerzan por vencer, otros intentan ignorar su realidad al borde del precipicio; y unos pocos, cansados de luchar, terminan hundidos en el profundo abismo del que creen será imposible salir.

La soledad es una dolorosa advertencia de que no tenemos un contacto cercano y significativo con otros. A pesar de estar rodeados de otras personas, podemos sentirnos abandonados, rechazados o no comprendidos. Frecuentemente, se experimenta el sentimiento de tristeza, desánimo, desasosiego y ansiedad. Siempre acompañado de un gran vacío. Puede sentirlo un hombre ocupado, rodeado de su familia, como un anciano, una madre soltera, un adolescente, un niño lleno de vida y tantos otros más.

Sin embargo, existen situaciones inesperadas que pueden conducirnos a los brazos de la soledad: la muerte de un familiar cercano, un divorcio, el rompimiento de un compromiso matrimonial, tener que ir a vivir fuera del país dejando al resto de la familia o, con frecuencia, como resultado de la falta de comunión con Dios.

Existe un intenso deseo para salir de esta prisión llamada soledad, pero a menudo la persona solitaria se siente frustrada e incapaz de iniciar, continuar o experimentar algo más. La soledad es dolorosa, no placentera y parece que lentamente reseca hasta la vida.

Por alguna razón muy difícil de explicar, la soledad parece ser un factor común en medio de la vida ministerial. La sagrada Biblia menciona varios personajes que sintieron soledad: Moisés, Job, Nehemías, Elías, Jeremías y David. En el salmo 25:16, David expresa su soledad a Dios diciendo: "Mírame y ten misericordia de mí porque estoy solo y afligido". Jesús se sintió solo en Getsemaní. Pablo también experimentó la soledad cuando estuvo preso y escribió a su amado amigo Timoteo: "Procura venir pronto a verme…" (2 Timoteo 4:9-11).

El hombre fue creado para vivir en compañía (esto es un hecho tanto bíblico como científico). A pesar de esto, la soledad ha sido denominada como el problema emocional más común de la humanidad. Las estadísticas reflejan que dicha condición es una de las principales razones de sufrimiento humano y esto empeora al saber que esta es una condición permanente en millares de personas que en ocasiones conduce al suicidio.

Estoy convencido de que a ninguna persona le gusta la soledad permanente, pues es diferente tener o necesitar momentos de soledad que vivir sumido en ella. Aunque es cierto que estoy convencido de esta verdad, no es menos cierto que Dios parece disfrutar al alejarnos de nuestros entornos para que a solas con ÉL recibamos la formación de nuestro carácter. Cada dificultad al presente, y aun las del futuro, serán el punto de partida para el desenlace final de nuestro destino profético. Hoy, lo entiendo, pero en mis comienzos, igual que a los demás, me dolió profundamente la soledad. El conocimiento de este hecho en nada cambia el sabor amargo que deja la soledad, pero te hace cada vez más resistente durante el proceso.

Soy de esos que tienen muchos amigos, pero al mismo tiempo no tienen amigos. Rodeado de gente, pero necesitado de la gente. Incongruencias del diario vivir. El ministerio te hace ser respetado, en ocasiones hasta admirado, pero al terminar tu presentación te encuentras con la realidad. Nadie conoce la historia que permitió que alcanzaras el lugar donde Dios deseaba que estuvieras. Imagino que, hasta ahora, continúa siendo así porque la gran verdad es que todos desean el éxito; aunque nadie quiere el sacrificio que requiere alcanzarlo.

¿Quién me acompañó en los días de angustia? ¿Quién se preocupó por conocer mi necesidad? ¿Quién recordó que aun el fuerte puede necesitar al débil? ¿Dónde estuvieron los que dicen ser amigos el día de la soledad? ¿Cuántos pudieron ayudar, pero cambiaron su mirada? ¿Por qué decidieron darme la espalda cuando necesité un abrazo? Definitivamente, también realicé preguntas a mi razón. ¿Por qué no pido ayuda? ¿Por qué no grito que siento morir? ¿Por qué Dios no habla? ¿Por qué nadie me abraza? ¿Por qué se fueron los que debieron quedarse? ¿Por qué predicando aun siento este vacío que me consume? ¿Dónde está el Creador? ¿Se olvidó de mí?

Tomaré un privilegio personal para no responder a estas preguntas para las que tengo respuestas porque todos nos sentimos alguna vez igual que Pablo; como si estuviéramos locos pensamos, hablamos y hasta oramos (2 Corintios 11:16-33).

Admirados por los demás, pero decepcionados de nosotros mismos huimos sin rumbo definido buscando donde escondernos de nuestra propia vergüenza. Conferencias o predicaciones, clases o estudios bíblicos, cánticos o ministraciones, al final, todo lo que hemos compartido, retorna como un tsunami al interior de nuestro ser para atormentar o ministrar a nuestro herido corazón. Huir o escapar de su presencia, ese era el objetivo del profeta Elías. A pesar de la amonestación del ángel continuó en su empeño y allí estaba en una oscura y húmeda cueva. Como cuando te encierras en un lugar cuyo alrededor te ayuda a sentirte más solitario y desventurado de lo que realmente eres. Entonces es el momento de la gran sorpresa. ¿Qué haces aquí, Elías? (1 Reyes 19:9) La pregunta es directa, pero... ¿por qué no preguntó, qué haces allí, Elías? Entonces surge la respuesta: no importa a donde me dirija, él siempre estará presente aun cuando *no* le vea, *no* le sienta o *no* le escuche. Él dice: "¿Qué haces aquí?"

La verdad detrás del ministerio es que pocas, muy pocas veces sentirás que alguien creerá en tu visión la primera vez que la compartas. El apoyo incondicional siempre será condicionado a poder apreciar resultados inmediatos. De lo contrario, estarás solo con el Dios de la visión. Estimado lector, cuando esto suceda, en lugar de caer en la desesperación, debes estar atento a las palabras de David: "Hubiera yo desmayado si no creyese que veré la bondad de Jehová en la tierra de los vivientes. Aguarda a Jehová, esfuérzate y aliéntese tu corazón; sí, espera a Jehová" (Salmos 27:13,14).

No importa lo que suceda en la tierra de los vivientes, siempre Dios es la esperanza.

Confiar ciegamente en Dios

Luego de tantas decepciones, aprendí que no era simplemente una expresión dicha en una predicación. Esta tenía que ser una filosofía de vida que debía de asimilar en el interior del pensamiento para ejecutar la acción. Igual que a ti, me asusta abrir mi interior para entonces ser juzgado, herido, maltratado o despreciado; pero esta realidad no se aprende porque otros te lo dicen. Esta verdad se aprende cuando lo sientes en carne propia. Entonces, nuestra naturaleza resalta un sentimiento de defensa. No confíes en nadie, nos repetimos una y otra vez. El problema es que, una vez aceptamos este comentario, fortalecemos en nuestro ser una actitud equivocada al generalizar pensando que toda persona que me rodea será igual que aquellas anteriores que me lastimaron y, sin intención, incluimos en esa idea a Dios.

Romper con ese pensamiento es un proceso lento, de mucho llanto e inconformidad. Cuando tus planes no coinciden con los planes de Dios, entonces el Divino Creador se encargará de romper tus planes para realizar los suyos; y esto no es posible sin que sea quebrantada tu voluntad para aceptar la voluntad del poderoso de todos los tiempos, Jehová Elohim.

El problema con la pasada afirmación es que estás pensando que esto va en contra de tu personalidad. Darle al Creador tu voluntad y el control de todo lo que eres. No parece una opción accesible ni razonable. Alguna vez, también pensé igual, pero aprendí con muchos golpes que esa resistencia aleja cada vez más el plan de Dios y el destino profético de un ministerio. Al presente, la historia cambió. Ahora tengo una hoja en blanco para que el escritor de mi destino redacte lo que ya determinó que pasaría en mi recorrido ministerial.

Esta acción, sin duda, provocará una apariencia cada vez más semejante a la imagen de Jesucristo en cualquiera que se rinda sin reservas a su voluntad.

Lentamente, rendí el TODO a sus pies

Su amor inunda después de cada herida recibida, su mano sostiene antes de cada caída y su mirada cautiva al corazón más duro que exista. ¡Qué gran contradicción! Este es un Dios que obra con mano poderosa en medio de la aflicción. Hoy reconozco que esto es así, pero aquellos fueron años de mucha intransigencia de mi parte. Por convicción, puedo afirmar que, incomprensiblemente, intentamos luchar contra la voluntad de Él como niños voluntariosos intentando imponer nuestra idea o nuestro plan. Es entonces donde, con amor, pero con firmeza, nuestro Padre Celestial nos demuestra quién tiene el control. Lentamente, lo aprendí.

Job dijo:
"… ¿He de mentir yo contra mi razón? Dolorosa es mi herida sin haber hecho transgresión" (34:6).

De la misma manera como escribe Job, sé que fue y es doloroso cuando te lastiman sin razón aparente. Ese es un momento muy desesperante cuando buscas el porqué de lo sucedido y no encuentras las respuestas. Así, lo viví muchísimas ocasiones. Entonces aprendí a respirar profundamente, doblegar mi voluntad al ir de rodillas, llorar ante su presencia, reflexionar sobre lo ocurrido y preguntar qué debo aprender de esta situación. Esta pregunta todavía hoy, incluso al escribirla, me desarma emocionalmente, pues es una realidad no muy aceptada: cada adversidad es parte del plan del gran Yo Soy que llama al ministerio.

Jeremías escribió:
"Me sedujiste, oh Jehová, y fui seducido; más fuerte fuiste que yo y me venciste; cada día he sido escarnecido, cada cual se burla de mi", (20:7).

Aquí recordamos a uno de los profetas que entraban en el secreto con Dios entregándose voluntariamente, aceptando la responsabilidad después de su enojo.

¿Puedes imaginarte el suceso?

"Estaba tan molesto contigo que no entiendo cómo lograste enamorarme y yo me dejé enamorar porque eres más fuerte que la ira descontrolada de mi corazón".

Antes de que pudiera haber adoración sincera, Jeremías debía encontrar en su interior un corazón sincero. Cuando con sinceridad se une la adoración y el corazón, entonces lentamente, caemos rendidos a sus pies.

Te haré unas preguntas directas. ¿Guardas algún enojo que no quieres que Dios descubra? ¿Existe alguna parte de tu vida que no deseas rendir a sus pies? ¿Alguna puerta cerrada o una llave perdida de tu corazón? ¿Escondes alguna parte de tu pasado o presente que no quieres, de ninguna manera, que Dios lo traiga jamás a colación?

Una vez respondas a estas preguntas sin reservas, sin mentiras y sin esconder nada, entonces habrás comenzado a rendirte a sus pies. Entrégate antes de que las cosas se pongan peor. A su tiempo, te alegrarás de haberlo hecho. No pases por alto ser sincero con Dios.

Me alejé de todo y de todos, ahora no quería ser sombra de nadie

Ahora éramos solo nosotros...y la aventura comenzó. Llevaba años escuchando lo que los demás entendían que era lo correcto o lo que debía hacer. Entonces, un día comprendí que la gente está llena de buenas intenciones, pero al final, son solo eso: buenas intenciones. En este recorrido comprenderás que los más que te regalan sus consejos son los menos que se los aplican. Entonces, ¿por qué aconsejan?

El evangelio está lleno de personas que son conocedores de todo y expertos de nada, por lo cual es responsabilidad de cada ministro analizar todo lo que se escucha con el fin de decidir qué será lo que finalmente será útil para el ministerio y qué será desechado. Dejé de buscar la aceptación de la juventud o la admiración de los adultos. Aquellos a los que admiraba me miraban como amenaza para sus propios ministerios; yo deseando aprender y ellos, que no aprendiera. Ahora era selectivo para escuchar y para compartir. Esta decisión me llevaría a un solo final: la soledad.

El camino ministerial te llevará inevitablemente, antes o después, a conocer a tu Señor en medio de esa quietud a la que llamamos con temor…soledad. Llegar ahí atemoriza, pero una vez allí sabes que Él también está presente. Es cuestión de rendirte en su regazo para juntos aprender del otro.

Sí, ahora, mientras otros salían a divertirse, algo me impulsaba a estar a solas con Él. No tengo una explicación clara para lo que te expreso, pero los minutos se volvían horas estudiando la Biblia, leyendo un libro o de rodillas llorando solo al sentir su presencia. ¿Quieres puertas abiertas en tu ministerio? Entonces necesitas estar a solas con aquel que llama, como ya mencioné. Necesitarás aprender a disfrutar de la soledad y de su divina compañía. Entra en su presencia sin reservas, sin mentiras y sin esconder nada. Entonces ya no será un Dios extraño y distante; ahora será más que un compañero en el camino.

Te invito a que detengas la lectura en este instante, cierra tus ojos y conócele en la intimidad. Sí, ahora mismo. Ve de rodillas y dile lo que sientes. Luego envíame un email a: info@ editorialradikal.com y cuéntame tu experiencia. Mañana nos volvemos a encontrar en la lectura. Disfruta este momento de oración y salúdalo de mi parte.

Morir y Vivir

Aún cursaba estudios en la High School. Era 1990 y recorría un tiempo muy confuso para mí, por infinidad de razones. ¿Qué haces cuando la mayoría de los que te rodean consideran que tus valores son inservibles? No sé qué haces tú, aunque puedo imaginarlo; pero sí, sé lo que hice yo. Comencé a vivir una doble vida. Cristiano e inconverso, esta era mi nueva realidad. En mi interior, luchaban dos leones por lograr el dominio de mi alma y corazón. Cada mañana, me disfrazaba de inconverso para el vacilón; y cada noche, me uniformaba de predicador para la ministración.

¿Cuál era mi propósito en la vida? ¿Conoces tu propósito de vida? ¿No deberíamos enfrentar la verdad?

Si no reconocemos a Dios, entonces somos hojas a la deriva llevadas por corrientes de vientos contrarios, sin motivación para hacer o sin rumbo fijo para llegar. Esto contrasta mucho con la visión de Dios para con el ser humano. Efesios 2:10: "Porque somos hechura suya, creados en Cristo Jesús para buenas obras, las cuales Dios preparó de antemano para que anduviésemos en ellas".

Con Dios en tú corazón eres más que uno más en este mundo de maldad. Doy gracias a mi Creador porque, a pesar de mi maldad, nunca consumí alcohol, nunca usé cigarrillos y mucho menos utilicé drogas. No anduve con las mejores compañías, pero siempre me guardé de estas cosas. Es posible que fuera por las oraciones de mis padres y por la mirada protectora de mi Dios. Deberías preguntarte cómo se sentirá Dios al ver que te conformas con unas migajas cuando él ha preparado para ti un festín espiritual.

Por mucho tiempo, me conformé con migajas, pues predicaba no por convicción, sino porque creía tener habilidad para hacerlo. Como muchos juegan baloncesto y otros, pelota. De esta manera, creí que mi habilidad era la predicación, así que me decía internamente: "No es necesario que dejes de predicar; esto te gusta, pero recuerda que el vacilón de mañana también te gusta, no debes dejar de hacerlo". De esta manera, perdí mi mirada del blanco y ahora me había enfocado en jugar a la doble vida. Por poco más de año y medio, parecía que jugaba con Dios y que dominaba tanto el juego que todo me salía bien y nada afectaba mi desempeño en el altar sagrado aunque mi corazón era inmundo.

Fue un día más como cualquier otro y se avecinaba una noche más como cualquier otra, pero lejos estaba de mí imaginar que aquella noche marcaría el comienzo del final de aquel jueguito espiritual. Aquella noche, al terminar de predicar, Dios levantó a una mujer con palabra profética que en palabras simples me indicaba que hiciera maletas porque Él me enviaba a la República de Guatemala a realizar una cruzada evangelística para alcanzar vidas para Cristo.

En esta república, unos meses antes, pandilleros habían matado a un amigo pastor a quien lloré profundamente ante lo cruel de su muerte. Era un misionero apasionado del evangelio que no sucumbió ante la amenaza viciosa de este grupo. Su firmeza y vocación lo llevó a ser encontrado junto a la carretera con el vientre abierto y dentro del mismo colocaron una biblia mientras que en su boca colocaron un trozo de papel en el que escribieron: "Tu Dios no pudo salvarte". Qué ironía. Mientras los pandilleros creyeron que Dios no pudo salvarlo, su muerte lo llevó a alcanzar la salvación y la vida eterna. A pesar de conocer esta gran verdad, la realidad es que es muy dolorosa la separación de aquellos a los que amamos y mucho más cuando ocurren pérdidas inesperadas y tan violentas como la de mi amigo, José Martínez.

Ahora, se le ocurría a este Dios enviarme a predicarle a esa gente. Pues no, dije. Te digo que no, no voy a ir, volví a decir luego de un silencio prolongado. La mujer profeta no dijo ninguna palabra más y se sentó. De esta manera, asumí que Dios aceptaba el no como una respuesta firme y final. Nada más lejos de la realidad. ¿Quién será el hombre que pueda pelear con Dios y ganar? Nadie ha logrado esta hazaña jamás, pero la ignorancia y la juventud me hacían necio, muy terco, aunque no lo entendía así. Las siguientes noches se volvieron noches de repetición y enojo porque, en cada iglesia a la que asistía a predicar, Dios se encargaba de recordarme la cuenta regresiva para salir del país rumbo a Centro América. Cada noche, le decía a Dios no quiero ir, no voy, envía a otro; pero cada noche, el Omnisciente se reafirmaba en su mandato. Finalmente, el día llegó. Hoy tenía que ir a Guatemala, dije en alta voz frente a la computadora al percatarme de la hora. Entonces, sonreí como aquel que piensa que se salió con la suya, imponiendo su voluntad. Que dolorosa fue aquella decisión. El dador de la vida estaba a días de quitarme la salud con un cáncer en los riñones que me llevaría al desahucio de la medicina.

Guatemala: la tierra por la que enfermé, la tierra por la que sané. A pesar de predicar el evangelio, aún no entendía la importancia de la obediencia al Dios que me escogió. Aquella tarde, comenzaba el largo camino del quebrantamiento. Camino que todos, alguna vez, recorreremos; pues no puede el hombre estar a su servicio y mantener intacto su propio rumbo. La clave, ante todo, es depender del Invisible que te dice sígueme.

Repentinamente, sentí deseos de orinar. Al hacerlo, mi vida se vino al suelo. Era sangre en lugar de orina lo que expulsaba por mi uretra. Era difícil de entender lo que sucedía. Contuve lo que orinaba, corrí a la cocina, tomé un vaso desechable y regresé al baño pensando que fue algo momentáneo; pero no, otra vez era sangre lo que orinaba. Retuve la muestra y con desesperación llamé a mis padres, que llegaron a la casa lo antes posible.

Allí estaba sentado en el suelo escuchando aquella voz interna que me repetía: "Debiste ir a Guatemala". Mi llanto era una mezcla de incredulidad, desconocimiento, enojo e impotencia.

Al llegar mis padres, inmediatamente nos fuimos a la sala de emergencias de mi ciudad. De allí fui referido al hospital de área de donde me refirieron al hospital regional de la isla. Aquella fue una muy larga odisea sin respuestas para mis padres porque no tenía el valor para decirles sobre mi desobediencia al Creador. Aquella noche, simplemente recibimos otro referido; esta vez, para uno de los mejores urólogos de aquel entonces.

Unos días más tarde, luego del largo proceso de exámenes, el médico miró a mis padres y sin buscar palabras delicadas les dijo: "Luis tiene cáncer terminal en sus riñones". Mamá comenzó a llorar y papá colocó su mano en su cabeza sin mencionar palabra alguna. El doctor continuó explicando que los riñones estaban muy deteriorados, que el cáncer era terminal; y, acentuó, que consideraba que solo tendría seis meses de vida, aproximadamente. ¿Cómo se suponía que mis padres asimilaran semejante noticia? Se nos dio una nueva cita para comenzar el proceso de tratamiento. De regreso a casa, nadie habló en todo el trayecto. No tenía la más mínima idea de lo que pensaba un padre al escuchar semejante diagnóstico hasta que un día escuché palabras semejantes en referencia a mi hijo primogénito, Yeniel. Después de tantos años, comprendí el silencio de mis padres en aquella ocasión. Ese es otro testimonio. Desde aquel momento, todo comenzó a empeorar: la sangre en mi orina, el dolor en mis riñones, la disminución acelerada de plaquetas y la hemoglobina baja. La pérdida de peso era excesiva y el cansancio continuo, muy visible.

Cada mes, empeoraba el marco clínico. Con frecuencia, veía o escuchaba a mamá llorar al punto que ya no pude esconder la verdad y confesé la razón por la que estaba enfermo. Fue un momento tan hermoso, a pesar del dolor, porque mis padres no me hicieron sentir juzgado; ambos me aconsejaron y sentí que me brindaban también su apoyo espiritual desde ese instante en adelante.

¡Qué difícil es anhelar escuchar la voz de Dios en esos momentos cuando Él es experto en guardar silencio! ¿Desesperante? Sí, muy desesperante…

Aquellos seis meses llegaban al final. Pesaba 62 libras; era un esqueleto viviente. Pero, por difícil que fue, jamás dejé de predicar durante la convalecencia. Si había algo que tenía muy presente era que la enfermedad no era una condición simplemente física. Definitivamente, la mano de Dios estaba sobre mi vida, consecuencia de la desobediencia en la que incurrí. Por lo tanto, sentía que era una responsabilidad y no un sacrificio. A pesar de lo difícil que era el proceso de movilizarme, siempre conté con ayuda de mi familia y de amistades. Lo más difícil fue ver cómo el poder de su Espíritu Santo sanaba a otros por medio de la oración que hacía mientras que mi cuerpo continuaba enfermo y, aparentemente, condenado a la muerte. Así fue por diez meses. La medicina me dio solo seis meses de vida, pero Dios me había sostenido cuatro meses adicionales.

Pasado este tiempo, aquella noche, sentía literalmente como la maquinaria interna del cuerpo se apagaba o dejaba de funcionar. En ese preciso momento, con muy pocas fuerzas me puse en pie en mi habitación. Entonces, miré al cielo desde mi ventana y me aventuré a reclamar lo que tal vez no merecía.

"Dios mío, amigo de mi corazón, ya no estoy enojado contigo. Ahora, este enojo que siento es contra mi decisión. Perdóname. No merezco que me sanes, pero al menos salva mi alma. No permitas que mi desobediencia provoque que pierda mi salvación".

De esta manera, entre lágrimas, de la misma forma en que escribo este capítulo, lloré y oré por muchas horas sin ninguna respuesta. Pensaba que cada promesa que me hiciera el Padre Celestial permanecería inconclusa por causa de mis malas acciones y no por falta de su cumplimiento. Por esta misma razón, ni siquiera lo mencioné. Sin darme cuenta, el sueño logró vencerme; en un giro inesperado, el Sol volvió a resplandecer; y mis ojos, una mañana más, estaban abiertos. Sumido en el pensamiento de la inminente partida de este mundo, sentí la motivación de pedir uno de los autos de la casa de mis padres y partir a ver la ciudad por última vez. Dios tenía otros planes.

Estacioné el vehículo cerca de la Plaza pública de Canóvanas. Entonces decidí dar una corta caminata cuando de frente se aproxima una mujer con un niño de unos nueve a once añitos de edad. A una distancia considerable, alcancé a escuchar unas palabras que me paralizaron.

"Mami tengo algo que decirle al muchacho". Dio unos cuantos pasos hacia donde me encontraba. Entonces, con una autoridad no característica de un niño de esa edad, dijo: "Antes de que enfermaras, ya Dios había dispuesto tu sanidad". Allí, estoy otra vez llorando. Aun hoy, tantos años después, no puedo narrarlo sin contener las lágrimas porque aquellos meses, definitivamente, fueron de quebranto y reflexión, de aprendizaje y entrega, de dolor y rendición.

El niño profeta no mencionó su nombre y jamás lo he vuelto a ver a él o a su madre, pero el mensaje continúa intacto en mi recuerdo. "En el buzón de tu casa, continuó diciendo, hay una cita para que asistas, este próximo lunes, a Centro Médico. Llegarás allí a las 5:05 de la madrugada y uno se convertirá en dos, dos en cuatro, cuatro en seis y seis en nueve. Entonces sabrán que Yo soy el que te sané".

Igual que tú, no entendí esa parte final del mensaje, pero no importaba porque dijo que Dios me había sanado. Entonces le agradecí, di la espalda y, al dar mis primeros pasos de regreso al auto, el niño grito:

"Joven, el llamado a Guatemala sigue estando en pie" …

Es tan difícil describir lo que sentí en ese momento porque milagrosamente estaba sano, yo lo creía, pero parecía que después de tanto dolor, Dios no me entendía. Cuando nuestros planes no son iguales a los planes de Él, pensamos prontamente que Dios no nos entiende o que está en contra de nosotros. Pasaría algún tiempo antes de entender lo que ahora puedo explicar. Es nuestra humanidad la que se interpone en aquello que es sobrenatural. No es a propósito. Es simplemente un reflejo de nuestra naturaleza humana, la misma que nos debería hacer recordar que debemos matar nuestros deseos todos los días para agradar al que dice: "Niégate a ti mismo y sígueme". Que duro es, pero que realidad más contundente. <<Abnegación>> palabra que ya no está de moda en el cristiano de última generación. Debo ser de esos últimos predicadores que aún hablan de ella. La razón podría ser la manera tan contundente con la que me quebrantaron para recoger mis pedazos del suelo, cuando grité: "Me rindo, ya es suficiente, haré tu voluntad".

Llegué a casa y corrí al buzón… Allí estaba la citación, según la palabra del niño profeta. Dios siempre cumple sus palabras. Tomé la cita, la entregué a "mamita", mi amada madre, pero no le dije nada de lo que Dios había hablado. Finalmente, el lunes llegó. En horas de la madrugada, nos encontrábamos en el Centro Medico. En esta ocasión, todo era diferente, les sonreía a todos. Me sentí tan sano, aunque claro está, mi físico estaba tan deteriorado como antes.

Aquella mañana es inolvidable. El médico mira una y otra vez el expediente, se levanta, se disculpa, abandona la oficina; y, pasados unos minutos, regresa con otro médico. Observan el expediente y, sin decir una palabra, otra vez nos dejan solos en el lugar.

Allí estoy sentado junto a mamita. Los dos médicos regresan. En esta ocasión, acompañados con otros dos doctores. En un momento, entran otros y ahora son seis los doctores que comienzan a hacer una y otra y otra pregunta. Entra otro grupo de médicos. Ahora son nueve... Es cuando entiendo la parte final de la profecía. Entonces la desesperación de mamá le gana y llorando les pregunta con voz entrecortada, pero desesperante, a los nueve doctores, ¿qué es lo que está mal?

El especialista que había estudiado todo el caso dice:

"Si nunca te hubiera atendido y si no tuviera el expediente en mis manos, yo diría que Luis nunca ha sido paciente de cáncer". Entonces sonrió.

Aún quedaban exámenes por realizar y dar algunas citas de seguimiento, pero eso era todo. Dios me había sanado y perdonado aquella pasada desobediencia.

Es muy probable que, en este punto de la lectura, pienses que luego de una experiencia como esta, estaría rendido totalmente a los pies del Divino Creador. Cuanto me hubiera gustado que esa hubiera sido la decisión, pero debo decepcionarte.

Era joven y, como la mayoría de los jóvenes, pensaba que era dueño de mi vida y destino. Pero aún me faltaba un largo recorrido para entender lo que era rendir la voluntad a los pies del Salvador.

Los siguientes años fueron años de coraje, rebeldía y dolor.

¿Por qué queremos controlar aquello que no podemos controlar? Existen miles de respuestas para esta pregunta, pero al final la respuesta correcta es la que menos deseamos escuchar. Peleé con Dios y me esforcé por ir en contra de su voluntad en una lucha perdida. En el proceso, después del cáncer, perdí la vista y la memoria consecuencia de un fuerte impacto que recibí accidentalmente en la sien derecha. Luego de varias horas de inconciencia, despierto en un mundo desconocido.

No poseo el tiempo ni el espacio para entrar en aquellos detalles que enfrenté durante ese tiempo, pero puedo dar fe de lo doloroso que es pelear con un Dios al que no le puedes ganar. Creer que viviría en la oscuridad de la ceguera física me desconsolaba cada minuto y a la vez me repetía: "Luis no puedes ganar…no puedes ganar". No poder recordar o identificar sentimientos hacia aquellas personas que me rodeaban cada día con su apoyo y paciencia desmedida hacia mis frustraciones cada día era mucho más desesperante.

El ocaso de mi tormenta llegó y postrado a sus pies comprendí que el humano no es quien para debatir o refutar la voluntad del Creador.

Hoy puedo escribir estas letras para tu consideración porque la limitada misericordia del gran "Yo Soy" no cesó antes de que pudiera rendirme a su voluntad. Soy de aquellos pocos privilegiados que alcanzaron morir para vivir antes de perder su salvación; pues muchos son los que navegan en contra de la corriente de su destino profético dando excusas para no reconocer que aman más las tinieblas que la luz admirable de aquel que lo entregó todo por amor en el Calvario. Ciegos espirituales que han perdido la memoria ante los ofrecimientos engañosos de este mundo pecaminoso y que solo el despertar en una eternidad de tormento les hará hacer entender lo grave y desafortunado de su accidentada decisión.

*Aconteció luego, que al volver él
la espalda para apartarse de Samuel,
le mudó Dios su corazón; y todas las señales
acontecieron en aquel día.*

1 Samuel 10:9

CAPÍTULO 8

Corazón de Ministro

Existen diferencias muy marcadas entre el Rey Saúl y el Rey David. Diferencias que se reflejan en el resultado de sus respectivas monarquías y ministerios. El primero fue desechado por Dios y del segundo, por el contrario, nunca se apartó la mirada del Altísimo.

¿Qué hizo la diferencia entre uno y otro?

- Los dos eran jóvenes cuando fueron usados por Dios.
- Los dos eran hermosos (1 Samuel 9:2; 16:12, 18).
- Los dos provenían de familias de poca estima (1 Samuel 9:21; 16:1; 5:2; 18:18, 23).
- Los dos se consideraban indignos de ser reyes (1 Samuel 15:17; 18:18, 23).

- Los dos fueron ungidos con el aceite de la unción por Samuel (1 Samuel 10:1; 16:13).
- Sobre los dos vino el Espíritu Santo con poder (1 Samuel 10: 6-7,10; 16:13).
- Los dos tenían alrededor de treinta años cuando comenzaron a reinar (1 Samuel 13: 11; 2 Samuel 5:4).
- Los dos reinaron cuarenta años sobre Israel (Hechos 13:21; 2 S. 5: 4-5).
- Los dos tuvieron la oportunidad de que Dios perpetuara su reino (1 Samuel 13:13; 2 Samuel 7:11-13).
- Los dos murieron a la edad de 70 años, aproximadamente.
- Los dos hicieron grandes cosas para Dios.
- Los dos cometieron grandes pecados contra Dios.
- Los dos empezaron bien (1 Samuel 11; 14:47-48; 17).
- Saúl terminó en derrota (1 Crónicas 10:13-14).
- David terminó en victoria (1 Crónicas 29:28).

Según mi apreciación, los ministros, conforme al orden del rey Saúl, pueden dividir su vida en solo dos etapas:

1. *Un Nuevo Corazón al Comienzo* del reinado a la edad de 30 años, aproximadamente.
2. *Ministrar* en *Decadencia* por 40 años, el *Final*.

En los ministros, conforme al orden del rey David, se resaltan tres etapas:

1. *El Pastor* de las *Ovejas* por 20 años.
2. *Un Espíritu Quebrantado*, periodo que se alargó durante 10 años.
3. *El Rey y Su Reinado* – Este es el más prolongado. Se extendió por 40 años.

Aquel que era el ungido dejó de serlo y el que no era el ungido, ahora lo es. En el primero descubrimos que "el Espíritu de Jehová se apartó de Saúl" (16:14). Entonces, con el segundo simpatizamos al conocer que "el Espíritu de Jehová vino sobre David" (16:13). Saúl saltó al trono inmediatamente después de haber sido ungido y transformado por el Espíritu. Tristemente, así existen muchos pensadores en la mies. Cristianos que, por saltar inmediatamente al ministerio, en vez de servir, destruyen a sus compañeros y hasta aquellos que desean alcanzar el favor de Dios. David, en cambio, después de ser ungido con el Espíritu de Dios, debió esperar aproximadamente una década para subir al trono. Esto es capacitación. La escuela de David es la especializada en el quebrantamiento donde Dios trata con el orgullo, la soberbia, la autosuficiencia, la confianza en nosotros mismos, la impaciencia, la desobediencia, las motivaciones equivocadas y el mal carácter.

Un principio que logré entender, porque marcó profundamente mi vida, es que el *"celo ministerial"* no es un arma que destruye ministerios. El *"celo ministerial"* es una herramienta que adelanta el cumplimiento profético de aquello que el Invisible te prometió.

Muchos iguales al rey Saúl actúan con el poder del Espíritu de Dios aun cuando casi nada conocen de la vida del Espíritu. David también tenía el poder del Espíritu de Dios, pero además su carácter había sido transformado porque una cosa es ser usado por Dios y otra muy distinta el ser aprobado por él.

David aceptó el proceso de la escuela de Dios. Saúl echó a perder toda su vida y legado generacional.

Sensibilidad al Espíritu Santo

Todo proceso de quebrantamiento trae como consecuencia sensibilidad al Espíritu Santo. Luego de morir a nuestra voluntad, entonces vivimos sujetos a la voluntad del Soberano. Aunque lo había escuchado muchas veces en estudios y predicaciones, muy pronto descubriría que vivirlo no era igual que escucharlo.

Aunque no es una buena consejera, la adolescencia era quien me aconsejaba la mayor parte del tiempo. En esta etapa, cada desprecio, mal trato y comentarios negativos que se hacían me llevaban al borde del abismo emocional. Nadie entendía lo grave de mi situación, nadie lograba entregar una palabra ungida con sabiduría que me hiciera reaccionar a mis batallas emocionales con madurez espiritual. Miraba alrededor porque siempre estaba rodeado de tantos, pero me sentía solo y abatido, sin rumbo o dirección.

Una tarde de domingo, mi amada Carmín Sanjurjo, llena de sabiduría, furia y poder del Espíritu Santo, me gritó con autoridad: "Luis, basta de mirar a los hombres. Lo que Dios tiene contigo es tan grande y poderoso que aquellos que hoy te atacan mañana reconocerán que él te posiciona en el lugar correcto de donde extenderás la mano para ayudar, aun a los que te hirieron en el camino antes de llegar a tu destino".

¿Extender la mano para ayudar a los que me hirieron en mi camino? Sentí una ira tan grande por el consejo de Carmín, no contra ella. En realidad, mi ira era contra el Dios que dice: "Ama a los que te aborrecen". Lo había escuchado y predicado tantas veces. En esta ocasión, tengo que vivirlo. Entonces miles de preguntas circulaban mi pensamiento porque jamás había sido confrontado con una verdad tan terrible: mi corazón no era un corazón de ministro.

A pesar de la ira, el Espíritu de Dios había comenzado la obra, aunque no lo entendía. Al reconocer que no tenía un corazón de ministro, se abrió en mi interior una grieta que daba paso a la sensibilidad necesaria para escuchar al Espíritu Santo que me decía: "Es incorrecto no amar a los que te han perseguido, marginado, despreciado y hasta difamado".

Aquella tarde, sería la primera vez, de tantas otras, que lloraría en el ingreso de la escuela del quebrantamiento. Perdonar, olvidar y servir. Alguien olvidó decirme esto antes de aceptar el ministerio. Perdonar, olvidar y servir. ¡Qué acciones tan difíciles!

Sin transportación para predicar

Hundido en las contrariedades del ministerio, las invitaciones para predicar cada vez eran más frecuentes. En este tiempo, comenzaba a recibir invitaciones para actividades juveniles y congregacionales. Fue cuando descubrí que la agenda estaba muy comprometida y que estaba creciendo en el ministerio. Satanás sabe escoger muy bien sus batallas. Es entonces cuando, por razones que ya no recuerdo, en momentos diferentes, mis padres se retienen de servir a su Señor Creador. Todo se viene abajo. Las contiendas en mi hogar cada vez son con más frecuencia, mi hermano menor permanece al lado de la decisión de mis padres; y. de un momento a otro, estoy en medio de un hogar que no exalta el nombre de Jesús el Redentor.

Desapareció la música cristiana, la oración, la lectura de la Biblia; y, lo más importante, la disponibilidad de mis padres para transportarme a los compromisos de predicación. Todo se veía oscuro y sin una solución inmediata. Sensible a la voz del pastor, me mantuve en el camino. Con un alto porcentaje de probabilidades en contra, pero caminando con firmeza ante lo desconocido. El llamado y el fuego que ardían dentro de mí en aquel entonces aún me acompañan. Por esta razón fue imposible dejar a Jesús. Él siempre será fiel aunque nosotros seamos infieles.

La respuesta de Dios no se hizo esperar. Como respuesta a este desafío, Dios levantó a héroes que comenzaron a transportarme a cada lugar por distante que fuera en la isla del cordero. En ocasiones, de las mismas congregaciones a las que debía asistir proveían la transportación. Como en toda batalla, el ejército adversario modificó su ofensiva y volvió a atacar. Esta vez, la contienda es en dos frentes. Además de mi hogar, ahora un espíritu maligno utiliza a uno de aquellos de la fe cristiana para afectar el buen juicio de mi pastor Rubén Casillas. Entonces se hace el anuncio Todo predicador que no tenga su propio medio de transportación para asistir a cualquier predicación no podrá invitar o llevar consigo a ningún otro miembro de la grey en los periodos en los que tengamos servicios de adoración. Otra vez, la victoria era ganada porque no era mi batalla, sino la de Él.

Gracias por aquellos héroes: Antonio "Toño" Pérez, Rvdo. Edwin Carrión y Ángel Maldonado. Ellos levantaron su voz a mi favor y una vez más la afilada lanza de Saúl impulsada por los celos no me alcanzó para hacerme mal.

Deseando hacerlo TODO a la vez

Cuando tu corazón de piedra es transformado en uno de carne, te das cuenta de que la vida es corta, que el mundo es pequeño y que la fe no tiene límites. Es ahí donde le dices a tu interior: "Vamos, ahora es el momento".

En esta etapa, la mayoría de mis proyectos actuales no habían comenzado. Incluso, ni siquiera los visualicé en ese entonces. La euforia de los primeros pasos ministeriales nos hace soñar y soñar en grande. El problema no está en soñar. El problema, más bien, está en no saber cómo organizar los sueños. La situación se agrava cuando, para poder organizar tus sueños, necesitas compartirlos y nadie entiende o está de acuerdo con tu visión. Entonces, todos creen poder entender mejor que tú lo que tú mismo aún no entiendes. Con intención o sin ella, de todos lados aparecen los asesinos de sueños. Esos que con tono sutil te aconsejan a tomarlo con calma, a no esforzarte tanto y a entender que eres muy joven todavía. En tono espiritual y con una superficial sonrisa te acarician con la mano y dicen: "Tienes tanto camino que recorrer que no debes apresurarte demasiado; ten paciencia, estas en el primer amor".

El tener un corazón de ministro me hizo entender que jamás debo contristar al Espíritu Santo y eso mantiene vivo el primer amor. Amor que nunca debe desaparecer del creyente. Amor que hace entender el perdón. Amor que hace entender lo importante que es olvidar. Amor que hace doblegarse y servir, aun, a los que te hieren cada día. Ese amor del que escribo es tan difícil de describir, pero su plenitud te inunda y nace una pasión descontrolada en el interior del creyente. Pasión que convierte al humano en embajador del evangelio con la intención de dejar marcas en las vidas de todos aquellos a los que puedas alcanzar con el fin de multiplicarse en un discípulo. Si no has entendido este principio, entonces necesitas volver a reevaluar tu cristiandad. El tiempo se acaba. Organiza tus ideas y no permitas que se retrase tu visión un solo día más. Este es el tiempo para afirmar tu fe en la visión. Si él lo prometió, nadie lo hará desistir de su propósito. Definitivamente, no podemos hacerlo todo a la vez, pero sí puedes comenzar a dar el primer paso de los demás.

Como David, es posible que te equivoques, porque todos nos equivocamos. Aunque tienes una opción. Puedes escoger ser como Saúl que tuvo un corazón de piedra con el que no le interesaba hacer lo correcto, pues le interesaba solo agradarse a sí mismo sin preocuparle la voluntad de Dios…La decisión es solo tuya.

Estoy muy agradecido porque has permanecido conmigo hasta este punto a través de la lectura de este libro. Ahora, permíteme reclamarte que no sigas el ejemplo de Saúl. Por el contrario, ve tras las huellas del ejemplo de David que entregó al Buen Pastor todo su corazón y obediencia. Entonces serás igual al pequeño pastor de ovejas. Un hombre a quien Elohim pueda usar.

Identifica las prioridades del plan divino y obtendrás un efecto notable en tu familia, iglesia, trabajo, vecindario y mucho más allá de lo imaginado. Tu generación nunca más será la misma si juntos destruimos los corazones de piedra de aquellos ministros, conformes al orden del rey Saúl, que viven en "el lado oscuro del evangelio", atados por el "celo ministerial".

La gloria de los jóvenes es su fuerza
Y la hermosura de los ancianos es su vejez.

Proverbios 20:29

CAPÍTULO 9

Joven, pero Anciano

Escuché tantas veces esta expresión, "joven, pero anciano", que cuando dejé atrás mi etapa juvenil, entonces anhelé aquella frase que inicialmente me llegó a incomodar. Había comenzado en este recorrido a muy temprana edad y cada tropiezo que enfrenté en ese "lado oscuro del evangelio" me hizo ser cada vez más fuerte.

Era un "joven" cualquiera lleno de inseguridades, decepciones, preguntas y desánimos; aunque sin saberlo a la vez era un "anciano" porque el "celo ministerial" dejó tantas marcas fuera y dentro de mi corazón durante el inicio del ministerio que ante la consideración de los demás jóvenes era aquel de la experiencia; que dominaba la inseguridad; superaba la decepción y tenía respuestas. Muy pocos podían decir que habían visto mi desánimo ocasional.

Sin entender, comencé a defender jóvenes con talentos, aunque paralizados por la barrera del "celo ministerial". Fue como una urgente necesidad de gritar a los que soñaban o comenzaban a pelear en la batalla de todos los tiempos que tuvieran cuidado; que ya había estado en su lugar; y que, aunque las marcas ministeriales no duelen, sí nos recuerdan cuanto dolió aquella vieja herida infringida por un compañero de milicia. Rápidamente descubrí la realidad en el "lado oscuro del evangelio": eran muchos más los que caían derribados para no levantarse jamás que los pocos que lograban alcanzar mis manos para que les pudiera ayudar a restaurarse. Deseaba hacer más, pero solo oraba. No sabía qué más podía hacer. No pasó mucho tiempo antes de que, en el 1996, conociera a una agrupación de jóvenes llenos de pasión al ministrar. Todos solteros, con sueños e ilusiones ministeriales y ansiosos de alcanzar vidas para el Reino de los Cielos. Así, nació el ministerio musical Voces de Adoración. En sus inicios, solo una agrupación, pero su transición sería inesperadamente rápida, conducida por la mano de Dios.

Una generación prejuiciada y de baja estima

Haber sido víctima del "celo ministerial" sensibilizó mi espíritu de tal manera que ahora sentía la necesidad de ir en pos de una nueva misión: ayudar a romper las cadenas que detienen a miles de jóvenes de la pasada, actual y futura generación. Aquellos diez años, antes de salir a pastorear en la iglesia Defensores de la Fe Cristiana, me enfrentaron al lado oscuro del ministerio. No todos te aman. No todos te admiran. No todos te desean el bien. Los que te aman, te admiran o te desean el bien lo hacen hasta que dejas de ser el desconocido y comienzas a despuntar, a ser renombrado. La gente desea que crezcas o seas prosperado, pero nunca más que ellos; porque en tiempos donde el "celo ministerial" provoca la envidia, entonces el ciego comienza a ver, el mudo a hablar y el sordo a escuchar.

Mi niñez no me advirtió de lo que venía con tanta fuerza hacia mi juventud, pero la sabiduría de Dios no conoce límites. El Rvdo. Rubén Casillas, más que un pastor, fue un mentor, un protector. Muy pocas veces fue físicamente cariñoso, pero siempre sentí su amor incondicional con su postura firme en defensa de mis talentos. Siempre respondía a mis quejas y lamentos con la misma frase: "Haz con otros lo que no han hecho contigo". Fue tan insistente en este punto que comencé muy temprano a discipular a otros.

Los celos ministeriales pueden llevarte a la destrucción de tu vida en todas las áreas, pero también pueden transformar tu dolor en la fuerza que necesitas para levantarte a reconstruir vidas destruidas. Gracias a muchas personas que con paciencia me aconsejaron y sanaron mis heridas, comencé a repetir lo aprendido en jóvenes a los que podía acercarme con facilidad por mi edad y experiencia, que no percibía, pero los demás sí. Si hay algo que agradezco al "celo ministerial", es la formación de mi carácter como servidor de este evangelio del último tiempo. Esta nueva generación necesita verdaderos mentores que los guíen con sabiduría y no que destruyan sus aspiraciones.

Voces de Adoración

La agrupación Voces de Adoración fue uno de los instrumentos que Dios utilizó para ministrar alrededor de la Isla del Cordero. Llegamos a lugares que jamás soñamos y más allá. La República Dominicana nos permitió conocer la labor social de un ministerio. Nos gustó tanto que no lo pensamos y muy pronto estábamos en la isla de Saint Croix. Más tarde también, en Saint Thomas. En sus comienzos, este era un ministerio de jóvenes motivando a jóvenes. Recordarlo me hace revivir sueños juveniles que los celos de muchos trataron de tronchar. Aún recuerdo actividades a las que fuimos invitados donde compartiríamos la ministración con otros grupos musicales. Cuando llegábamos a montar nuestros equipos mal trechos, de poca calidad, las miradas no se hacían esperar. Que duro es sentir el menosprecio de aquellos que unos minutos más tardes te felicitarán por lo mismo que te menospreciaron. Hoy, a poco más de cuatro décadas de vida, doy gracias al Señor de todos los tiempos porque su mano, hasta hoy, nunca se alejó.

Aquellas viejas desilusiones fueron siempre acompañadas de muchas ilusiones, pero, en ambos casos, son en la actualidad la evidencia de tantos sueños y logros cumplidos que sin el soporte del Todo Poderoso indudablemente hubiera desfallecido.

Ministerio radial

Una tarde cualquiera, Jesús Hernández, un joven que llegó a Voces de Adoración para hacer que pudiera ver al mundo como mi área de trabajo, pues sin importar la idea, Hernández siempre decía: "Tú puedes lograrlo". Su actitud desafiante aumentó mi fe drásticamente. De esta manera, el discípulo me discipuló. Aquella tarde en que nos disponíamos a ensayar, Jesús Hernández me dice: "Hablé en la radio para que tengas un programa". A pesar de todas las excusas que busqué, Hernández me convenció y por espacio de dos años realizamos, al que él mismo colocó por nombre, "La Unción aún Fluye". De esta manera, descubrí el poder de las ondas etéreas y me enamoré de esta herramienta tan efectiva. "La Unción aún Fluye" llenó mis ojos con lágrimas: unas de dolor y otras de agradecimiento. Dolor porque los comentarios mal intencionados siempre existirán. Esa mala actitud de aquellos que desean que seas prosperado, pero nunca más que ellos. La inexperiencia pone al descubierto lo frágil que es el corazón en esos primeros pasos ministeriales. Puedes permitir que todos se levanten en tu contra y te dejen rezagado en el caminar o, por el contrario, levantarte y dejar rezagados a aquellos que pierden su tiempo en el "celo ministerial" para enfocarte en lo que es importante. Una vez enfocado, descubrirás que también llegan las lágrimas de agradecimiento al escuchar las lentas palabras del anciano, las angustiosas palabras de la mujer maltratada o las entusiastas palabras llenas de vida de la juventud que con cada expresión dejaban un sabor de satisfacción inigualable en el interior de un joven ministro que se desprende de sí mismo cada vez más para ser de los demás. De esta manera, el Divino Alfarero moldeaba la arcilla de aquel inexperto corazón. Testimonio tras testimonio, lloré muchísimas veces por todas las maravillas que Jehová Tsidkenu - *justicia nuestra* -realizó durante esos dos años.

Años más tarde, inesperadamente como todas las cosas que planea el Arquitecto de nuestras vidas, conocí al Rvdo. Giddel Martínez quien me invitó a compartir los micrófonos de su programa convirtiéndome así en su contra figura. Esa invitación se prolongó por cinco años en el programa "Pláticas". Su sabiduría me deslumbró y en cada programa aprendía mucho más de un pastor que pastoreaba pastores. Fue más importante todo lo que descubrí y asimilé para la vida ministerial en ese tiempo con Giddel que las aportaciones que podía brindar; pues, aunque al pastor le agradaba que le acompañara, en realidad, cada semana, este era un tiempo de aprendizaje que disfrutaba plenamente. Por razones de salud, el pastor Martínez me dejó a cargo de aquel altar radial, como él mismo le llamó. De esta manera, heredé aquella responsabilidad por tres años más.

Deseo resaltar esta área ministerial porque muchos lo consideran una inversión de muy alto costo, pero es razonable que así sea, pues es uno de los medios masivos más efectivo que poseemos al presente. Tristemente, la mayoría de los que se aventuran a incursionar en este mundo no separan tiempo para tomar un curso de capacitación radiofónica y esto provoca que no solo el recurso, también el evangelio, desluzcan ante la consideración del radioescucha.

En este recorrido, el Cristo resucitado me llevó a la radio de una manera simple y casi natural, pero no podía dejar que los años pasaran y continuar realizando el mismo contenido de cuando era un adolescente. Buscar ayuda fue muy complicado porque aquellos que dominaban sus espacios con gracia y elegancia no tenían el más mínimo interés en responder mis preguntas o brindar un tiempo de ayuda y discipulado al muchachito que venía detrás. Entonces, descubrí la lección que pasé por alto muchísimas veces. ¿Por qué seguir decepcionando el espíritu buscando ayuda de los que, movidos por la trampa de los celos, no están dispuestos a ayudar? Si la ayuda estaba enfrente. Gente hermosa que brindaba sus opiniones. No siempre estaba de acuerdo, pero cada sugerencia, consejo o crítica recibida aprendí a canalizarlas para el mejoramiento. Olvidé a los que estaban tan ocupados en la construcción de sus ministerios egocéntricos. La lamentación también quedó atrás y utilicé lo que estaba a mi alcance. Entonces, la reacción Divina no se hizo esperar.

Estás en una cabina detrás de un micrófono sin saber quién te escucha, pero estás enseñando y esa semilla hará la diferencia en alguien. Ese alguien es esa generación que seguirá tus pasos alcanzando corazones y naciones que tú no pudiste alcanzar. A ese ciclo del evangelio se le llama continuidad.

Cuando no pensaba en volver a la radio, escuché al doctor Aquiles Fuenmayor en su programa "Estudio 104". Su sabiduría fue un desafío. Lo llamé y, aquella tarde, hablamos por espacio de unas tres horas, aproximadamente. Entonces, de sus labios supe que mi juventud y entusiasmo lo cautivaron. Luego de aquella conversación tan inusualmente amena, fui invitado a formar parte de los panelistas de "Estudio 104". ¡Cómo disfruté cada programa y cómo aprendí del maestro conductor! De un programa pasé a una segunda propuesta también moderado por el Dr. Aquiles Fuenmayor. Esta nueva propuesta, "Foro Marital", permitió que por primera vez pudiera argumentar como profesional de las ciencias sociales. De esta manera, lograba una armonía entre ministrar y educar al radioescucha.

La experiencia de compartir con estos dos paladines del Santo Ministerio provocó en este corazón un mayor amor por el ministerio radial. El Rvdo. Giddel Martínez junto al Rvdo. Aquiles Fuenmayor, con la sabiduría que caracteriza a cada quien, lograron hacer que sintiera aceptación y respeto en un tiempo donde la apariencia juvenil, aparentemente, era sinónimo de inmadurez. Hasta el presente, jamás hicieron que sintiera inferioridad; por el contrario, siempre me han brindado la confianza de llamarles amigos y no hay manera de poder pagar privilegio tan grande. La escuela ministerial al lado de estos dos *gigantes* logró impulsar mi capacitación y formación en aquellos primeros pasos en la radio.

Además de trasmitir los servicios de adoración desde la congregación que pastoreo, El Lirio del Valle, la Casa para las Naciones, sentía la necesidad de impactar a gente pensante en un nuevo espacio radial donde ministros y candidatos al mismo pudieran sentarse a reflexionar sobre teología.

Así nació "Dialogo Ministerial", un grupo focal dirigido al análisis teológico en el que se logró alcanzar responder a inquietudes y cuestionamientos de la iglesia del presente. El equipo de trabajo se formó inicialmente con el maestro Moisés Cruz, la Evangelista Lizbeth Rodríguez- la voz femenina- el doctor Wilfredo Guzmán, el Rvdo. Michael Pérez, el Rvdo. Josué Troche y, más adelante en la segunda temporada, se reestructuró el foro con el doctor Ángel Camacho y el Rvdo. Adonis Caraballo.

Desde esa mesa de trabajo, se logró enlazar vidas ministeriales en un abrazo de hermandad sincera. El impacto alcanzado va más allá de la descripción que pueda hacer. "Dialogo Ministerial" logró hacerme sentir que alcanzaba las huellas de aquellos dos grandes héroes del evangelio que un día creyeron en mí brindándome la oportunidad de incursionar en la radio. Ahora era mi turno de hacer con otros lo que conmigo ya habían hecho. "No existen matrimonios perfectos" es la propuesta más reciente donde mi esposa Wizneth Martínez incursiona como la copresentadora en un espacio donde resaltamos estrictamente la verdad de todo matrimonio. La aceptación ha sido hermosa y la experiencia, gratificante para ambos; mucho más siendo esta la primera experiencia de ella tras un micrófono tan poderoso como lo es la radio. Al presente, puedo testificar que, si hubiera escuchado aquella crítica mal intencionada de muchos, hoy no podría resaltar la experiencia radial que me acompaña. Si crees que la sabiduría viene de Dios, entonces ignora las críticas, no menosprecies quien puedes llegar a ser y enfócate en aquel que te llamó. No te rindas, persiste hasta alcanzar lo inalcanzable.

Alegría y decepción

Desarrollar a otros se convirtió, hasta el presente, en mi mayor alegría; aunque también, en mi mayor decepción. Permíteme explicar esta ironía del "lado oscuro del evangelio".

Nada es más gratificante en la vida que contemplar a alguien aprendiendo, aplicando, alcanzando logros y escalando hacia la cúspide del éxito ministerial. Es una sensación de alegría, satisfacción y entusiasmo difícil de explicar porque te sientes parte de esa persona por todo el trayecto que juntos han recorrido. Recorrido en el que reíste, lloraste, le levantaste y hasta le defendiste de todos para evitar que el discípulo pasara por los quebrantos del mentor. Porque, como un sacerdote, según el orden de David, no quieres que un Saúl lo destruya sin percatarte de que educas, defiendes y proteges a un Absalón que desea usurpar todo lo que le pertenece a David.

Cuando el discípulo desea ser más que el maestro, la tristeza te consume y el dolor te silencia.

¿Quién fui? ¿Quién soy? ¿Quién seré?

Este es el momento de la verdad. Fui perseguido cruelmente por varios ministros con el espíritu de Saúl. Como David, me escondí y la mayoría de las veces no levanté defensa alguna.

Ahora, hacía con los demás lo que muchos se negaron a hacer conmigo. Entonces descubrí que cada David enfrentará el "celo ministerial", antes o después, en el espíritu de Absalón. Aquella generación de Saúl fue muy severa con mi generación, la generación David. ¿Será la generación David severa con la generación Absalón? Si la generación David trata con crueldad a la generación Absalón, ¿se portará la generación Absalón con tanta misericordia como la generación David se portó con la generación Saúl?

Como la generación David, unas veces he sabido que discípulo a una generación Absalón, pero otras veces me toma por sorpresa ese espíritu de mezquindad en el corazón del aprendiz. En esas ocasiones, siempre debes cuidarte de los Joab que aparecerán en tu camino, pues con buena intención desean defender una causa que no les pertenece. Entonces, por difícil que sea, es el momento de regresar al principio y no hacer nada, solo esperar y nada más. Un desafiante Absalón no vacila en obtener lo que su pervertido corazón anhela. Cuantos Absalón hoy construyen imperios ministeriales que no les enviaron a construir porque su ambición les ha cegado el entendimiento. Sin importar las consecuencias, hablan y difaman hasta aquel David que les ayudó a ser lo que hoy día son. Nadie es mejor que esos que poseen el espíritu de Absalón. Ellos son los mejores predicadores, los mejores cantantes, los que más puertas tienen abiertas, no hay líderes como ellos, son pastores sobresalientes en todas las áreas, sus experiencias superan las de todos los demás, nadie posee la unción que ellos tienen, sus campañas son las más grandes y las más concurridas. Esta generación Absalón desea tu trayectoria, tus logros, tus experiencias, pero no están dispuestos a ser un David que pacientemente espera. No, ellos son la generación Absalón. Intentarán usurpar y matar todo lo que representa la generación David.

¿Por qué no detener a la generación Absalón? Cuidado, recuerda que nunca debemos hablar mal o hacerle daño a un hermano porque él también es hijo del rey. Me he preguntado tantas veces si como generación David me levanto y enfrento a aquellos de la generación Absalón que han marcado e intentado destruir todo lo que el Poderoso me entregó. Si lo hiciera, si me levantara en contra de los Absalón que me han herido sin piedad, ¿todavía seguiría siendo un David o me convertiría en un Saúl?

Todos alguna vez responderemos a estas tres preguntas. Algunos necesitarán responder a las mismas en más de una ocasión en sus vidas:

- ¿Quién fui?
- ¿Quién soy?
- ¿Quién seré?

En mi juventud, no fui un Absalón. Aprecié y respeté a cada David que me brindó tiempo, sabiduría y cuidado para que pudiera crecer hasta alcanzar el ministerio. En mi vejez, no seré ningún Saúl. Luché y lucharé cada día contra el espíritu del "celo ministerial". Me rehúso a destruir a quien debo ayudar, me niego a envidiar la bendición de los que me acompañan en este recorrido. No digo que fue, es o será fácil; esta es una lucha difícil, pero no imposible de ganar. Es mejor, para la generación David, ser derrotada o asesinada ministerialmente delante de los demás que aprender los métodos de la generación Saúl o los de la generación Absalón. El ministerio no es más valioso que la salvación.

Ningún hombre conoce su propio corazón. Yo no conozco el mío. Solo Dios mismo lo conoce. ¿Defenderé el ministerio en el nombre de Dios? ¿Arrojaré lanzas, conspiraré en contra de, para proteger lo que creo que me pertenece? La respuesta a ambas preguntas es no. No soy dueño de lo que me entregaron Soy, simplemente, un mayordomo, un administrador de algo que me entregó el Soberano Dios. No reclamé ni una sola vez por aquello que me fue entregado. Por esta misma razón, no soy responsable de tomar ni mantener bajo mi sujeción lo que le pertenece al Dueño de la Mies. Él es el que pone y quita, según sea su voluntad. Nunca lucharé para ser un predicador o para mantenerme siéndolo. Busco obedecer su voluntad, no busco poder, fama y autoridad humana. Visto de otra manera, deseo su voluntad más que el prestigio de una posición en el liderazgo eclesial.

El rey David, ante su terrible prueba de ver a su hijo Absalón, heredero por sucesión al trono, rebelarse contra la figura de autoridad de su padre al reclamar lo que entiende le corresponde por derecho y que no está dispuesto a esperar para obtener, se reafirma al recordar y repetir la historia de su juventud. Casi puedo escucharlo decir:

"El trono no es mío. No lo poseo, no lo protegeré, mucho menos lucharé para conservarlo. Estoy decidido. No haré nada, me iré de la ciudad, no estorbaré los planes de Dios. Que él haga lo que desee hacer y aceptaré su voluntad sin reproches".

Que gran ejemplo de valor y desprendimiento. Necesitamos una generación David cuya fortaleza descanse en respetar la voluntad de Dios y no hacer nada porque, al final, es su batalla. Él la peleará.

Luego de este gran recorrido ministerial, que reconozco no ser merecedor de haber transitado, mi única aspiración frente a las nuevas generaciones es poder escuchar de ellos lo que un día dijeron aquellos que fueron la generación David en mi difícil recorrido. Gracias a ustedes, héroes anónimos, por enseñarme a no arrojar lanzas. Gracias por apaciguar mi rebeldía y enseñarme a esperar. Gracias por no permitir que menospreciara al ministro anciano que hoy, en su debilidad, enaltece su fortaleza del ayer. Gracias porque marcaron mi corazón con enseñanzas imborrables para que no atacara en la ministerial a los jóvenes Absalones.

Gracias a ti, David, rey de las ovejas por despertar aquella mañana después de ser ungido por rey en Israel y mantener tu corazón puro con humildad sin descuidar tu rebaño hasta el día en que Jehová dispuso lo contrario. Gracias por sufrir, por estar dispuesto a perderlo todo. Gracias por entregar el reino en las manos del Rey de Reyes. Gracias porque, a miles de años de tu muerte, sigues siendo un ejemplo para todos nosotros.

Por estas y muchas otras razones, levanto mi rostro para declarar con valentía que ayer fui, que hoy soy todavía y que, aun mañana, seré un ministro según el corazón de David.

Por Jehová son ordenados los pasos
del hombre y él aprueba su camino.
Cuando el hombre cayere,
no quedará postrado
porque Jehová sostuvo su mano.

salmos 37:23-24

CAPÍTULO 10

Enviado a Fracasar

Con credenciales de Predicador Licenciado, a mis dieciocho años, era un pastor sin rebaño. En ocasiones, se me solicitó que oficializara la Cena del Señor y hasta que auxiliara en algunos bautismos pero, a pesar de la credencial, continuaba siendo un joven con poca o casi ninguna experiencia según el criterio de los que me rodeaban. Esta es una vivencia que sé que muchos de los que leen han experimentado. Los adultos, por lo general, tienen palabras de aliento para la juventud y en ocasiones existen algunos en minoría que se atreverán a defender tu persona ante otros; pero la cruda realidad es que la mayoría de las ocasiones te encontrarás igual que como me encontraba. Estarás rodeado de personas que dirán apoyarte en ese desafío llamado ministerio; aunque en el momento de la verdad, te darán la espalda al decir: "Eres muy joven no te apresures".

Es una ironía. Dicen creer en el llamado de la juventud, pero siempre encuentran un defecto para decir: "Aún no estás listo, no es el tiempo; necesitas experiencia".

Escuché estas frases tantas veces que al escribirlas puedo recordar los rostros de aquellos que me las dijeron incansables ocasiones. Te explicaré que hice. Fortalecí mi carácter con cada negativa. Por cada petición que hacía al momento de recibir un no como respuesta, despertaba un nuevo proyecto en el corazón con la intensión de volver a insistir en aquello que me impulsaba desde adentro. Ahora sé que aquello era y es el Espíritu Santo que provoca en nosotros el querer como el hacer (Filipenses 2:13). En casi todas las metas que me propuse en esa época juvenil, no conté nunca con un apoyo directo o un mentor que creyera en mis sueños o en la visión. Siempre parecía estar adelantado a mi época.

No fue hasta julio de 1998 que fui sorprendido con la petición del Reverendo José Molina. Una tarde cualquiera, se presentó en el área de trabajo donde me encontraba para solicitar que le supliera interinamente por espacio de tres meses en la posición pastoral. Entre tanto él atendería asuntos médicos relacionados con la delicada salud de su esposa, Zoraida. Desde el primer día, el Rvdo. José Molina se mostró seguro de recibir una respuesta positiva, aun cuando solicité un espacio indeterminado para la oración.

Oraba con miedo y ansiedad porque, a pesar de agradarme la idea de un nuevo reto, sentía una inquietante preocupación por todo lo que requeriría ese recorrido.

Finalmente, como dice la Biblia, eché sobre él las cargas y esperé. Seis semanas más tarde, habló el Señor; y, una semana más tarde, me estaban instalando en la congregación. Asumí que aquellos que me rodeaban estarían llenos de alegría ante esta noticia, pero no fue así. Los comentarios mal intencionados eran muchísimos, pero uno sobresalió de todos los demás. Tanto es así, que nunca he podido olvidarlo; aunque recordarlo ya no causa ningún dolor. La realidad es que fue una herida muy profunda y difícil de cicatrizar. A solo unas horas para comenzar aquel primer servicio de adoración, el domingo 28 de agosto del 1998, mirándome fijamente, un líder importante de mi denominación dijo:

"Bueno, Luis, esta será tu oportunidad para jugar a ser pastor de ovejas; si no te sale bien, puedes regresar a tu iglesia".

Aquel comentario pudo destruir todo el resto de mi vida, pero no lo permitiría. Después de llorar por esta expresión, caminé al pequeño y maltrecho altar del templo y de rodillas le dije al que me llamó: "Mi única petición a ti es que me respaldes de la misma manera en que lo has hecho en el evangelismo y en las misiones. Entonces seré el pastor que nadie espera que sea".

En la vida hay tiempos en los que solo existen las preguntas y tiempos inesperados en los que llegan las respuestas. Vivía exactamente en el tiempo de las preguntas. Aquellos primeros dos años fueron terriblemente fuertes porque todo parecía en mi contra. La inexperiencia, la juventud, el color de ojos y de piel entre otros detalles asfixiaban mi corazón al punto de creer que se quebraría mi voluntad. Las altas y bajas emocionales eran muy constantes, pero aprendí de mis pastores que las emociones de un ministro no se reflejan; estas se controlan. Claro que es más sencillo escribirlo al recordarlo…que vivirlo. Somos seres emocionales. Nadie puede retirar sus emociones para servir a Dios. Estas son parte integral de nuestra naturaleza humana y siempre existirán momentos en que caerás postrado ante la presión de las mismas. Esto no es un pecado. Es naturalmente hermoso, en especial, cuando los demás a tu alrededor pueden observar que te levantas con más fuerzas de tus caídas cada vez porque a eso se le llama formación. Esa formación es parte integral del desarrollo de tu carácter. Dos palabras me han acompañado en esta área. Te las comparto. Estas son:

Esfuerzo y Persistencia

Comprendí con cada caída que debía de levantarme rápidamente haciendo uso de todo el esfuerzo posible para no quedarme postrado, pues Dios continuaría en movimiento y nadie a mi alrededor me ayudaría a levantarme. Al contrario, la gente te mira caer, se queda en la actitud de esperar a ver que decides hacer y otros te gritan a la distancia para que te levantes. La ironía es que, al final cuando lo logras, entonces esos mismos reclaman haberte ayudado porque te miraban o te gritaban desde muy lejos para que hicieras lo que en la mayoría de las ocasiones ellos mismos no pueden hacer sin una mano que los levante. Curiosamente, en el evangelio esa mano siempre será la tuya porque debemos amar, aun a los que nos han hecho mal.

Esforzarte es sacar fuerzas de la debilidad; es gritar con todo el impulso de tu alma que necesitas volver a levantarte; es llorar con desesperación en actitud humillante para que el Dios, que continuó en movimiento, dé la vuelta y decida volver a pasar por tu lado para arrebatarte del suelo…continuando la marcha; es aferrarte a su mano y entender que con Él estás seguro; es reconocer que, aunque no sabes cuantas veces vuelvas a caer, deberás volver a recurrir al esfuerzo porque el Eterno volverá en infinidad de ocasiones a pasar por tu lado para otra vez tomarte en sus brazos.

De esta manera simplifico lo que es el esfuerzo.

La persistencia es la comprensión de haber logrado estar de pie y recordar cuán difícil es el proceso de esforzarme después de una caída y no querer repetir esa lección. Persiste aquel que en medio de la prueba mira adelante y olvida aquello que está detrás. Persistir es mantener el rumbo de la visión; es creer en sus palabras a pesar de ya no escucharlas; es sentir su miraba, aun cuando sé que es invisible a mis ojos; es caminar, aunque no vea el camino; es creer en aquello a lo que los demás llamaron locura; es abandonarme a su voluntad sin interferir en su designio.

De esta manera simplifico lo que es la persistencia.

Sí, estoy de acuerdo con lo que acabas de pensar. No existe manera de simplificar dos palabras tan complicadas como estas. Esa es la grandeza del evangelio. Gente natural viviendo principios sobrenaturales. ¡Qué maravillosa contradicción! Si Dios fuera menos complicado, no sería digno de nuestra adoración. Solo Él tiene el poder de crear y eso es suficiente para ser aquello que Él dijo que llegarías a ser.

El prejuicio provoca marginación

Theodore Roosevelt dijo: "Haz lo que puedas, con lo que tengas, donde estés".

Leí esa cita en una ocasión y me retumbó en la consciencia con mucha fuerza porque viví muchos años sentado en el banco de las quejas sin comprender que la solución estaba en la actitud personal y no en la opinión de los demás.

Ese doble discurso, que confunde motivado por el prejuicio de los demás, solo lleva a la marginación. Inicialmente, escuchas esas palabras motivantes: inténtalo, deberías ir, acepta, atrévete, tú puedes…Pero, cuando el momento de la verdad llega, entonces escuchas esas palabras prejuiciadas de "el lado oscuro del evangelio". ¿Quién te acompañará? No deberías arriesgarte. Tú no sabes. Deja el desespero. Estás en el primer amor. Deja que se te pase…La más que dolió fue *este templo es muy grande para alguien sin experiencia.*

El doble discurso solo me hizo descubrir que existen compañeros de milicia que viven deseando o esperando nuestro fracaso. Que por difícil que sea de aceptar, no todos los que nos rodean son creyentes verdaderos y que a su vez no disfrutan los logros y bendiciones de los demás. Equivocadamente, marginé sueños, ilusiones, metas y objetivos deseados. Lentamente, destruía la visión que me había sido entregada. Simplemente, por no ofender e intentar agradar a ese pequeño sector que no realizan la labor ministerial, pero les molesta que la realicen otros en su lugar.

No continúes marginado

La práctica pastoral me enseñó que existe una sola manera de hacer las cosas y esta es agradando al que me llamó. Eran tantos los consejos que recibía sin haberlos solicitado que olvidé la visión entregada y la misión que debía desarrollar. Cada paso estaba lleno de temores. Las huellas dejadas en el camino eran huellas de resentimiento al sentir que caminaba sin un rumbo definido por ese camino llamado ministerio. Entonces comprendí que nadie posee una guía única para aplicar en medio del caos ministerial; y, aunque en muchas ocasiones parecía que lo único que podía hacer era continuar marginado, decidí reaccionar.

Desde el anonimato sin ruido y sin recursos, comencé a mirar el objetivo. Realizar su voluntad y ganar almas para el reino de los cielos se volvió mi razón de ser. No necesitaba ser reconocido o tener dinero para cumplir con la visión. Ahora bien, te explicaré la misión, la manera en que lo hice. Para ese entonces, poseía conocimiento básico en casi todas las áreas del evangelio, aunque sabía que esto no era suficiente para dejar atrás la marginación.

Lo primero que internalicé fue que tenía que estudiar. Estudiar todo lo que me llegara a las manos, incluso, hasta lo que se me ocurriera en medio del material que estuviera analizando. Hice de la lectura un hábito porque no se puede hablar de lo que no se conoce. El problema con la mayoría de los predicadores de la nueva generación es que quieren ser escuchados, pero no tienen nada que compartir. Sus palabras están acompañadas de gritos y euforia, pero carecen de conocimiento. Equivocan la unción de Dios por los gritos que motivan a la emoción humana. No quería ser ese tipo de ministro que lleva al cristiano a gritar desmedidamente en la emoción, pero al finalizar el sermón no existe cambio o arrepentimiento en la vida del que escuchó.

Ya poseía una vida de oración diaria, situación que me facilitaba la lectura bíblica, pues la oración permitía que hablara con el Omnipotente, pero la lectura permitía que escuchara su voz hecha letra. Ahora, solo quedaba que rindiera el orgullo a sus pies. ¿Orgullo? Sí, orgullo porque su gracia comenzó a mostrarme lo que otros hombres no veían y comencé a hablar palabras que otros no querían hablar, al darme cuenta de que su poder me acompañaba, la altivez de espíritu tocó a las puertas de mi corazón. Eran pequeñas frases que retumbaban con fuerza en el entorno del espíritu y engrandecían el orgullo de mi alma. "Que mucho Dios te usa". "Que bien predicaste". "Ya no deberías predicar en iglesias pequeñas". "La gente no bendice". "No eres cualquier predicador". "Mereces una mejor ofrenda". "Eres famoso".

En el deseo de olvidar la marginación, el orgullo intentó apoderarse de mi espíritu para esclavizarlo con la altivez. ¿Sabes? Con mucha alegría te comparto que tuve en aquellos años algo que hasta el presente camina junto a mí. Algunos le llaman mamá, otros le dicen mami; hay quien le llama madre, pero yo le llamo mamita.

Mamita estuvo allí cuando el espíritu de altivez me visitó, cuando el orgullo pasó su mano por mi corazón...Mamita me sentó en incontables ocasiones para recordarme, hasta el día de hoy, que la Gloria le pertenece a Dios y que no podía usurpar aquello que pertenece al Eterno. Sus palabras llenas de sabiduría, su celo por la obra y su mirada atenta en cada decisión ministerial que he tomado me guiaron con bien hasta el presente. Reconozco que todo se lo debo a Él. Un día se cerrarán sus ojitos, esos que velan por mí. Entonces, ya nunca más estará, aunque su voz seguirá en mi recuerdo… Gracias, mamita linda, por amarme tanto y cuidar mis pasos. Te amaré siempre.

Entiendo que tal vez no tengas una mamita así, pero debes tener a alguien de tu confianza que pueda señalarte el camino cuando lo extravíes. Los verdaderos amigos no son aquellos que solo dicen lo que queremos escuchar. Aquellos que nos confrontan con las realidades, por duras que están sean, son los verdaderos amigos.

Dejar atrás la marginación traerá como consecuencia la bendición de Dios, pero esta bendición no debe corromper tu corazón (1 Crónicas 4:10). Nunca olvides cómo son las cosas cuando todo comience, cada tiempo recuerda tu trayectoria y agradece a Dios porque le plació hacerlo contigo.

La marginación se deja atrás cuando comienzas a hacer lo que debes hacer, olvidando al que se opone y te esmeras en mejorar tu desempeño cada vez más hasta que todos crean en Él como único Salvador.

Visitas inesperadas

Cuando has perdido todo sentido de dirección por las razones que sean, recuerda volver a mirar al Calvario donde todo comenzó. Entonces, Él utilizará a personas que ni siquiera conoces todavía para cambiar en un instante lo que no se pudo hacer con fuerzas humanas.

Aquella noche, en nuestro pequeño templo había sido una noche hermosa de adoración. Ahora correspondía la participación de la predicación. El pastor asistente de ese entonces, el Rvdo. Jesús Hernández, había invitado a este ministro a quien no había conocido previamente y en medio de su exposición interrumpe con un silencio seguido de una palabra que cambiaría aquella marginación autoimpuesta y el destino profético de la grey. La palabra de Dios en los labios de este ungido nos confrontó provocando una reacción inmediata en todos allí reunidos aquella noche. Comprendí que, aunque existan personas que motivadas por sus prejuicios intenten destruir mi caminar, nunca debo marginarme para hacerles sentir bien. En esa época, fueron tantas las visitas inesperadas que sería imposible resaltarlas todas.

En su infinita gracia, el Alfa y Omega nos hizo comprender que nuestra única competencia era contra nosotros mismos como iglesia. La visión se fortaleció y la misión se desarrolló. Se compraron terrenos, agrandamos las facilidades en varias ocasiones, recibimos ministros de tantos países, regalamos terrenos a otras iglesias; y transmitimos los servicios de adoración por radio, televisión e internet. Aceptamos que en las misiones no existen fronteras y nos movilizamos a las naciones en el Caribe, Centro América, Norte América, Sur América, Oriente, Europa, Medio Oriente y hasta el África.

El Lirio del Valle junto a la Fundación doctor Luis Rodríguez y este que escribe hemos dejado una obra permanente en tantos corazones que el solo hecho de ver la sonrisa de aquellos beneficiados es motivo suficiente para continuar.

Aquellos que me rodeaban dijeron que fracasaría, pero ángeles vinieron a visitarme; y entonces recordé que Dios me envió a tener éxito. Ahora puedo afirmar que creo en el Sol, aun cuando no brille; y que, de la misma manera, creo en Dios, aun cuando guarde silencio.

Si... de mañana buscares a Dios...

Si fueres limpio y recto, Ciertamente...

hará próspera la morada de justicia.

Y aunque tu principio haya sido pequeño,
Tu postrer estado será muy grande.

Job. 8: 5-7

CAPÍTULO 11

La vida no te dará lo que mereces
La vida te dará lo que le reclames

Algunos años atrás, hubo una época en que soñamos con todas esas cosas que merecíamos e hicimos planes al cerrar los ojos y dejar volar la imaginación; y así, visualizar la manera en que disfrutaríamos todo lo que tendríamos. Tristemente, reclamamos a nuestros padres, tantas veces de la manera menos apropiada por aquello que pensábamos merecer, con un grito desesperante de inconformidad al no entender por qué otros podían poseer lo que no teníamos.

Recuerdas aquel tiempo en que las decisiones importantes se tomaban "tin marín de lo tingüe, cucara matara ti te re fue", se podían arreglar las cosas, cuando se complicaban, con un simple "te amo, mami" o un "tembol". Los errores se arreglaban con un simple "empieza de nuevo". El peor castigo o condena era escribir 100 veces "no lo vuelvo hacer". Tener mucho dinero significaba poder comprar en la escuela una empanadilla y un Ice y, si sobraba para un caramelo, que millonario que eras. Mirar un hormiguero podía tenerte felizmente ocupado toda una tarde. Siempre, había una forma de ayudar o salvar a los amigos. ¿Recuerdas cuando jugábamos con una lata de refresco (el pote) en la calle? No era raro tener dos o tres mejores amigos. "Es muy viejo". Así, te referías a cualquier que tuviera más de veinte años. No había nada más curioso y prohibido que jugar con fuego a pesar de las amenazas de lo peligroso que era porque, tarde o temprano, el que jugaba con fuego se quemaba.

El último en llegar es un bobo, era el grito que te hacía correr como un loco desesperado hasta que sentías que el corazón se te salía del cuerpo por la boca. Las bombas o bombitas de agua eran las más modernas, eficientes y poderosas armas que se habían inventado. La peor desilusión era ser escogido último para jugar con los amiguitos de la escuela. Venenosa o venenoso se refería solo a un tipo de planta o fruto y no a ciertas personas que llegarías a conocer más adelante en la vida. Para viajar de la tierra al cielo, solo tenías que dar un enorme - súper - archí - recontra - mega - ultra - hipersónico - impulsivo salto. Los hermanos mayores eran agresivamente lo peor de todos los tormentos, pero también eran los más celosos, fieles y feroces protectores ante los demás.

Haber llevado un arma a la escuela significaba que te habían atrapado con una honda para lanzar pequeñas piedras. Nunca faltaba la moneda o el billete debajo de la almohada que te dejaba el ratón Pérez o la Ada Madrina de los dientes de leche. Si eras el afortunado de la bicicleta nueva, entonces eras el rey o la reina de la barriada. Para ser un súper héroe, solo tenías que llamar a tres de tus amigos: uno era tierra, otra, agua; el último, fuego; y todos juntos eran el Capitán Planeta. ¡Adelante, Planeta! Superman. Así, te sentías cuando, con una toalla amarrada al cuello, corrías muy veloz…No es un pájaro, no es un avión… Eras tú gritando ser Superman. ¿Y qué de las chicas? La mujer maravilla, Chitara de los Thunders Cats, las chicas Brats, las

Power Puff o Los Ángeles de Charlie. ¡Que maravillosa es la infancia!

¿Quién pudo olvidar a Strawberry Shortcake, Los Care Bears, My Little Pony, Lassie, Rin Tin Tin, Benji o El Chavo del Ocho entre muchos, muchos más?

Si ustedes pueden recordar la mayoría de estas cosas entonces significa que realmente han estado vivos, que tuvieron una infancia saludablemente ocupada, entretenida y muy feliz. Eso significa que aquel niño que todos llevamos dentro todavía sigue vivo. Bueno, yo me acuerdo de todo esto y de un poco más. A todos nos viene bien tener siempre en mente esos tiempos en que todo era distinto. Espero que todos aquellos niños que soñaban con ser luchadores del ring o astronautas y aquellas niñas que soñaban con ser enfermeras o tener una hermosa familia hayan recuperado en esta lectura su sentido común. Anhelo que no hayan perdido su capacidad de soñar en el proceso porque cambiar de dirección en la vida no es lo trágico; perder la capacidad de soñar eso es lo grave.

Esta remembranza es para cualquiera que necesite un descanso en su ajorada y estresada vida de adulto. Te aconsejo que nunca olvides gritar "tembol", "tiempo" o "toco palo" para que vuelvas a un lugar seguro, lejos del stress diario.

"No dejemos de soñar porque nos ponemos viejos y nos ponemos viejos cuando dejamos de soñar". - Gabel

Que hermoso es recordar. Pero cuando la adolescencia te enfrenta con esa realidad llamada trabajo, entonces descubres que todo es diferente. La imaginación cada vez se vuelve más obsoleta al extremo que existen adultos que olvidaron el uso maravilloso de esta. Los años se llenan de trabajo y responsabilidades, entonces volvemos a llamar a la vida injusta. Papá acostumbraba repetirme una frase clásica, pero a su vez muy efectiva: "La vida no es justa". Por supuesto que no me gustaba escuchar esta frase. Incluso, con honestidad, te comparto que no tenía ni idea de cuán injusta era o sería la vida. Pero esto no sería por mucho tiempo. Un día, los juguetes empiezan a quedar atrás y la habilidad del análisis crítico aflora en el interior. Entonces, al pasar del tiempo, descubres que nadie te preguntó si querías dejar de ser niño; pero ya es muy tarde, creciste. La adolescencia llegó. Es un mundo nuevo y ahora tus ojos ven lo que antes no veían. Una vida donde todas las personas experimentan cosas injustas e inmerecidas. Una sociedad plagada de criminales favorecidos por el fallo de la ley, personas inescrupulosas, traiciones, estafas, irresponsabilidades, abandono, violencia y maldad. Una iglesia que olvidó menguar para que otros crezcan (Juan 3:30). Hay quienes responden a estos hechos con enojos, amargura, descontrol y venganza. Otros se encierran en su complejo, tristeza y depresión. Se aíslan de los demás para olvidar la realidad que les rodea.

¿Cuál es la razón de este aislamiento voluntario? ¿Existe otra manera, otro método eficaz de manejar la injusticia? ¿Qué deberíamos hacer? ¿Cómo podemos minimizar el enojo, la decepción o hasta la impotencia que sentimos para reclamarle a la vida?

Encontré un artículo publicado por el periódico Primera Hora en el año 2012. En el mismo, hay algunas respuestas a estas interrogantes. A continuación, una breve adaptación del texto.

Dr. Rvdo. Samuel Solivan Román, peregrino del conocimiento.

Su infancia y adolescencia estuvieron marcadas por problemas de salud y un diagnóstico de discapacidad intelectual que le auguraban una vida sin sentido. Las expectativas sobre su vida se alejaban como Oriente de Occidente de los logros y el reconocimiento. "Solivan, no esperes mucho de la vida", le aseguró un maestro de su escuela vocacional en Estados Unidos.

"No te frustres en la vida. No esperes más de lo que eres", le añadió sin malas intenciones.

El augurio era afirmado por una niñez y adolescencia marcadas por las condiciones de salud que enfrentaba el entonces joven "niuyorican" Samuel Solivan Román. Antes de los 10 años de edad, a Lydia Román y a Aníbal Solivan les pronosticaron que su hijo se quedaría sordo y le diagnosticaron discapacidad intelectual. Su capacidad auditiva era amenazada por mastoiditis, una infección por la cual lo sometieron a una cirugía, que al ser negligente le paralizó el lado derecho de su rostro. La balanza de su vida se inclinaba hacia la decadencia. Un futuro brillante no aparecía en el panorama. El chico criado en el barrio de East Harlem, a pesar de su desdicha, había cultivado una fe muy arraigada en su ser que sobrepasaba sus tormentosos primeros años de vida. En una ocasión, durante un servicio religioso, a Solivan le dijeron que Dios sanaría su "mente y su cuerpo" para que enseñara el Evangelio. "Me eché a reír. Esto es un emocionalismo pentecostal... ¿Cómo puede ser, con todas las limitaciones que tengo?" Finalmente, dijo: "Si quieres hacer algo con mi vida, lo puedes hacer. Soy suficientemente retardado mental y estoy dispuesto a creerte porque al presente somos tan inteligentes que no le creemos a Él".

En el ámbito educativo, la situación era tan desalentadora que les recomendaron a sus progenitores que no lo enviaran a la escuela. Pero, no le hicieron caso. Con el tiempo, ocurrió lo inimaginable; y así lo evidencia su "cielo", que es como le llama a un cuarto rodeado de estantes que dan refugio a sus miles de libros. Como receta milagrosa, la disciplina, la fe y la humildad se juntaron y convirtieron "al muchacho extraño" y "con graves dificultades en el aprendizaje", en una de las mentes más prodigiosas en el ámbito de la teología en Estados Unidos al ser considerado uno de los 10 teólogos hispanos más influyentes en el 1992, según el National Catholic Reporter. Su búsqueda insaciable por aprender llevó a Solivan a obtener cinco títulos universitarios,

165

coronados con el de doctor en teología de la Union Seminary Columbia University.

"Tumores podridos"

Su conocimiento –que incluye comprensión del griego y hebreo– ha sido compartido con estudiantes del continente americano, España, Rusia y Hawaii. Uno de sus mayores logros es haber enseñado sobre espiritualidad y medicina en la facultad de Harvard Medical School, Mind Body Institute, en Boston. Fue allí donde, inesperadamente, su historial académico y de salud fue puesto en duda. "No creemos que usted es un retardado mental y que esté enseñando en Harvard", le argumentó un grupo de médicos que inició una investigación de su historial médico.

¿Qué descubrieron?

"No sabemos cómo usted está vivo (...), y que tenga la capacidad que tiene", concluyeron. Solivan había sido sometido a cirugías desde segundo hasta noveno grado. Se supo que en ellas le habían sacado tumores podridos del cerebro, reduciendo drásticamente el tamaño y la capacidad de su masa cerebral. Sus padres no sabían nada. Fue usado como conejillo de Indias. "Entonces entendí por qué me hicieron shocks eléctricos por un año, dos veces a la semana", reflexiona con una mirada que se pierde en el recuerdo.

Pero, ¿por qué estudiar pese a la recomendación del consejero vocacional? El cambio de rumbo, según ha identificado, empezó cuando se matriculó en el Central Bible College, en Springfield. "Sentía una gran responsabilidad de que, si iba a ser ministro, entendía que Dios exigía excelencia. Y, segundo, por algo que me dijo mi padre: 'Espero de ti que seas uno de excelencia, porque estoy cansado de pastores ignorantes'", comparte el hombre de 65 años de edad y padre de cuatro hijos, frutos de un matrimonio de 42 años con Irene Marrero, a quien conoció en Nueva York. En el proceso académico, Solivan reconoció sus limitaciones, prueba de su humildad. Siempre ha pedido ayuda. Entendía que, aunque le tomara más tiempo que a otros, lo intentaría. "Y si lo mejor que yo puedo no es suficiente, entonces se acabó", expone.

Se infla su ego…

Poco a poco surgieron oportunidades y becas para continuar estudiando. Estaba alcanzando el cielo. Fue entonces cuando, en su "gran oficina" de Harvard, comenzó a contemplar sus cinco títulos y se infló su ego. "¡Wow, ¡qué importante soy (…), soy inteligente! Se me llenó la cabeza de humo", confiesa. "Y siento que Dios me dice: 'Bájame los títulos (…). La razón que tienes para sentirte orgulloso es de quien "Yo Soy" y de lo que "Yo" he hecho en tu vida'", agrega. Es, precisamente, por eso que parte de su rostro permanece paralizado. "Para que nunca te olvides", le dijo el Creador.

¿Ha dudado de su fe?

¡Oh, sí! El que no ha pensado no ha dudado. Pero no es que dudo de Dios o su Palabra. Es una duda de cómo puede ser verdad. Necesito explicar esto más. La vida de fe no es extraña o separable de la vida intelectual. Por eso, este ministro pentecostal conservador – comunidad de fe a la que imparte su enseñanza – defiende la relación entre el conocimiento y la fe en Dios. "No pudiera vivir sin esa integración (…). Tengo dos especializaciones en teología política radical marxista (…). Estudio sin temor porque confío en que Dios me llevará a esa verdad, la que sea, y que esa verdad, si es verdad, no me opone a Dios", sostiene.

Se critica al pentecostalismo por ser muy emocional.

Las emociones son importantes, pero uno de los grandes peligros en la formación pastoral pentecostal, y en general, es reducir la experiencia espiritual a una emoción. Cuando solo lo que hay es humo, fuego y no sustancia, no edifica la iglesia, no edifica al *pueblo, se manipula. Ahora, la espiritualidad tiene que partir de la emoción del amor.*

¿Cuál ha sido el reto más grande en su vida?

¿El reto más grande? El silencio lo interrumpió. Se mantuvo pensando por 20 segundos hasta que pudo pronunciar palabra. "Creo que el reto más grande es intentar vivir la vida como cristiano, que yo le predico a otro. Es muy fácil predicarle a otro y decirle cómo debes vivir, pero qué difícil es vivirlo. Eso, cada día, es un reto. Mi propia integridad, mi transparencia. El otro es no olvidar que la bendición que Dios me ha dado en mi preparación y mi salud es para beneficio de otros y a veces me olvido. Y todos los días, eso es un reto, y me tengo que arrepentir porque peco; no lo logro, y eso siempre está frente de mí. Soy un hombre agradecido".

¿Cuál será su legado?

Espero que mi legado sea uno que vivió su vida agradecido a Dios, sirviendo a otros con excelencia y compartiendo las buenas nuevas de salvación, de una forma responsable, procurando ser de bendición a otras personas.

Lucha por lo que reclamas

Sí, el pastor Samuel Solivan, igual que muchos otros, pudo arrebatarle a la vida aquello que la vida pensó que no merecía. ¿Qué esperaba para empezar a realizar aquello que no había querido comenzar? Entonces debía despertar mi espíritu y lanzarme a la aventura. Cansado de esperar y guardar silencio, decidí combatir mi propia actitud y rescatar a otros de esa conformidad que destruye futuros.

De la vida aprendí a trazar metas a corto, mediano y largo plazo. Te aconsejo que prestes mucha atención a cumplir con cada objetivo previo a las metas, pues, a fin de cuentas, si no eres disciplinado, volverás a estar igual o peor que al comienzo del camino. Al trazar cada meta, tenía muy presente que me rodeaban muchos lobos vestidos de ovejas que entre el rebaño me acechaban con el fin de devorar las aspiraciones de aquel joven inexperto que ahora enfrentaba la realidad La niñez quedó atrás, la vida es injusta y a muchos les molesta el éxito.

Una iglesia diferente

Cuando estudiamos la historia de la Iglesia primitiva, es decir, la historia de los primeros cristianos en donde Pedro y Juan toman un papel muy importante, nos damos cuenta de que el Espíritu Santo se derramaba sobre sus vidas y sobre aquellos que creían. La Biblia describe que tenían *todas* las cosas en común y que cada cual velaba por el bien del otro (Hechos 2:43-47).

Más de dos mil años después, la iglesia de hoy no es muy parecida a la primera. Hoy en día, predominan las enemistades en la congregación y los celos ministeriales. Estos defectos, lejos de permitir a la iglesia crecer, la acercan al fracaso espiritual; y, por qué no decirlo, al fracaso en el objetivo de ganar almas para Cristo.

Es por esta razón que necesitamos enseñar sobre el tema del "celo ministerial". Aquellos que anhelamos hacer la voluntad de Dios debemos dejar a un lado las diferencias que en momento determinado el enemigo quiera poner en nuestras vidas.

Es triste ver como personas en nuestras congregaciones que dicen ser "hermanos", pero no se hablan. Peor aun, algunos ni siquiera se pueden ver. ¿Por qué? Pues por las enemistades que muchas veces surgen, consecuencia de la falta de visión de lo que Dios quiere para nosotros. De hecho, la Biblia habla, en Gálatas 5:20, sobre que las enemistades son obras manifiestas de la carne.

En otras palabras, cuando surgen enemistades es porque la carne está fluyendo más en nuestra vida que el espíritu.

Pero, ¿por qué hay enemistades entre el pueblo de Dios?

1. Porque hubo un comentario que dañó nuestros sentimientos. Posiblemente, alguien dijo algo, ya sea directa o indirectamente, a nuestra persona y eso causó un conflicto interior en nuestra mente a tal punto que decidimos pensar que esa persona ya no existe y que no merece nuestra amistad. Estoy de acuerdo con que el sabio ve el mal y se aparta, pero muchas veces hay comentarios que se dijeron sin la menor intención de dañar y muchas veces nosotros andamos tan sensibles que una simple palabrita, un gesto o acción nos hizo un daño tremendo en nuestro corazón. Cuando esto ocurre, es por una sola cosa. Estamos descuidando nuestra relación personal con Dios porque si no fuera así no importaría el comentario o la acción; y nosotros lo viéramos con los ojos de Cristo y aquello no nos causaría el mínimo daño.

2. Porque alguien nos dijo que otro dijo algo. Es triste echar a perder amistades lindas solo porque te contaron que… o que te contaron que no sé qué. Muchas enemistades surgen de supuestas cosas que alguien dijo. Lo peor de todo es que ni siquiera nos percatamos de que haya sido así como nos contaron, sino que solo nos dejamos manipular y nos enojamos con quien supuestamente dijo algo de nosotros.

Hermano en la fe, no te dejes manipular por el enemigo. Lo mejor sería hablarlo y si se cayó en el error, entonces perdonarse. Todos somos humanos y cometemos infinidad de errores, pero es triste ver como muchos en lugar de solucionar sus diferencias optan por perpetuar la misma.

¿Alguna vez has oído a alguien que critica duramente a otro que está siendo usado por Dios? Sí, claro que los hay. Lo normal sería que cada uno de nosotros estuviéramos alegres y gozosos porque Dios está usando a nuestro hermano, pero, lastimosamente, no siempre es así. Los celos ministeriales son un pecado que no te permitirá avanzar, debido a que el simple hecho de estar pendiente de los demás no te permitirá estar pendiente de lo que tú haces.

Pero, ¿por qué hay celos ministeriales entre el pueblo de Dios?

1. Porque tu objetivo no es exaltar el nombre de Dios. Definitivamente, tienes que entender que si tienes celos ministeriales hacia alguien es porque estás buscando gloria para ti y no para Dios. Si tu objetivo es la grandeza, estás cayendo en este error; y es momento de reconocer que Dios ha depositado en tu vida ciertos talentos para que glorifiques su nombre, no para competir con otros.

2. Porque sabes que el otro es mejor que tú. Posiblemente, te compares con alguien y, a lo mejor al compararte, descubres que es mejor que tú; y es ahí, en donde comienza tu celo al ver que él o ella puede hacer las cosas mejor. Sería una bendición que en cada congregación hubiera personas llenas del Espíritu Santo que sean tremendamente utilizados por Dios. Esa no es razón para tener celos. Por el contrario, es una razón más para glorificarle por lo que hace en las vidas de los miembros de la congregación.

3. Por pura competencia. Muchos, al ver que no reciben los mismos resultados que otros, sienten celos ministeriales sobre la otra persona. La voluntad de Dios es que, unánimes como un cuerpo, trabajemos bajo una misma causa: predicar el evangelio en todas

las naciones. Si olvidas este propósito permitirás que los celos hagan presa de ti.

Tanto las enemistades como los celos ministeriales no son obra del Espíritu Santo, sino más bien de la carne. No permitas que estas lleguen a tu vida porque sin darte cuenta comenzarás a menguar en el ámbito espiritual y comenzarás a alejarte de la gracia de Dios.

MANIPULACIÓN

La manipulación puede ser parte de tu vida sin que lo entiendas. O, en el peor de los casos, lo sabes, pero te agrada utilizar esta equivocada herramienta en el ministerio. La ministerial de esta nueva generación necesita con urgencia una vacuna del Espíritu Santo en contra de esta desastrosa y mortal enfermedad.; Ya sea que la padezcamos o no, *todos* deberíamos vacunarnos.

La proliferación de la enfermedad es cada vez más grande.

-El misionero que recurre a ella con la intención de impactar socialmente la vida de unos cuantos en un país en específico. La manipulación está presente desde el momento en que se construye una estructura financiera con la que se favorece el misionero, su familia y hasta unos pocos seleccionados en el área de trabajo. Aquellos que no caen dentro de esa selección privilegiada no recibirán más que las sobras de lo que el llamado misionero pueda otorgar de esos fondos recaudados que de ninguna manera eran de su propiedad. He visto como construyen estructuras eclesiales y dentro de estas mismas preparan su vivienda con todo tipo de facilidades proyectando a la sociedad en la que trabajan que ellos son mejores que los que sirven. ¿Es esto labor misionera?

-El evangelista que recurre a la manipulación para solicitar ofrendas para cubrir los gastos de los llamados eventos. Utilizan el nombre del Poderoso Dios al decir: "El Señor ha puesto en mi corazón que hay diez personas que van a dar $1,000.00 dólares, veinticinco personas que darán $500.00 dólares y cualquier otra persona que tenga cualquier otra cantidad también venga y aporte que Dios le recompensará". Su llamado continuó así: "Si usted está aquí y respalda este ministerio usted tiene que llevarse material para que me ayude a continuar". El fin es el mismo: crear un sentido de responsabilidad falso, un compromiso exigido con el fin de mejorar mi calidad de vida a base de los demás y no en la fe que requiere confianza en el Soberano.

-El pastor que utiliza la manipulación con el fin de controlar a la grey. Su palabra es ley, sus actos, infalibles. No ofrece explicaciones y siempre necesita más dinero para su beneficio y el de su familia. Utilizan expresiones que no son bíblicas, pero las hacen ver como una verdad que hay que respetar: "Dios tiene que hablarme a mí primero", "Dios no te ha llamado". Existen tantas otras, pero el libro no me alcanzaría para resaltarlas todas. La pastoral no es para controlar y manipular a la grey. La pastoral es una de las más hermosas funciones en la obra del evangelio. Por medio de esta, impactamos las emociones de una vida destruida. Tomamos con cuidado al niño espiritual y le instruimos con paciencia y amor. En su desarrollo, le discipulamos con profundidad y le delegamos responsabilidades para que aprenda que al caer debe levantarse. Cuando sus frutos son los correctos, le enviamos a impactar el mundo con aquello que primero lo impactó a él mismo. Así practico la vida pastoral.

El maestro se hace esclavo de la manipulación cuando no puede entender que del estudiante también se aprende, que sus preguntas nos llevan a formularnos más preguntas y que de sus respuestas aumenta la sabiduría magisterial. No debe un maestro inventar una respuesta jamás con el fin de tener algo que decir porque en el silencio, muchas veces, hay más sabiduría que en las muchas palabras.

El líder manipula a su grupo cuando exige aquello que él mismo no está dispuesto a dar, cuando proyecta una responsabilidad falsa que, al terminar sus labores, olvida continuar siendo responsable. La situación se agrava cuando tenemos líderes que exigen respaldo, aunque ellos no respaldan a los demás.

La manipulación es una realidad del presente y siento responsabilidad de resaltar este mal, pues al parecer esta plaga se extiende peligrosamente en nuestras comunidades de fe. Es necesario colocar un alto a este mal. Basta de cristianos que se comportan como si no fueran seguidores de Cristo. Se enojan y dejan de hablarle al prójimo, pero reclaman en sus predicaciones y enseñanzas que hay que amar. Comparten una verdad que no viven y llegan hasta a evadir a su hermano en la fe para no tener que cruzar palabras de saludo porque su orgullo los encadena.

La manipulación es una atadura tan poderosa que muchos, víctimas de esta, intentan utilizarla descaradamente contra nuestro Creador para ser derribados bruscamente de esta tonta filosofía porque el barro no puede darle órdenes al que le forma: el alfarero. ¡Combátela!

Acércate y aprende

A pesar de la gravedad que existe en el "lado oscuro del evangelio", debo resaltar reconocer que existen ministros con capacidad, verticalidad, integridad y compromiso sincero en medio de la obra eclesial. Estos resaltan la ética tanto como el compromiso ministerial en su labor y desempeño. Este libro aborda la conducta equivocada de los que, enseñoreados de aquello que no les corresponde, afirman poseer autoridad sobre el templo, el altar y hasta de la grey. Se sienten tan seguros de su altiva actitud que no entienden necesario dar explicaciones. Proclaman con altavoces poseer madurez espiritual y utilizan sus títulos, puestos y logros con el fin de controlar, manipular, menospreciar o hasta humillar al hermano resaltando únicamente su *"Yo"* interior. Estos son los mismos títulos y logros que Dios en su infinita misericordia les otorgó con el fin de resaltar su gloria.

Como un sobreviviente del "celo ministerial", me siento profundamente inmiscuido en el cuerpo que lucha tenazmente en contra de las contiendas ministeriales; triste realidad dentro del pueblo que dice estar consagrado a Dios. Realidad que empaña el crecimiento de muchos en la viña del Señor. Estas confrontaciones ministeriales se multiplican espantosamente en nuestro círculo eclesial y el daño ocasionado puede tardar meses, años o, a veces, décadas en sanar. En ocasiones, el daño emocional es tal que no es superable. Creo muy necesario publicar y circular este material lo antes posible para beneficio de muchos ministros de este evangelio que son discriminados y golpeados violentamente por las cadenas de los celos.

Todos, en algún momento, pensamos que la vida debería otorgar aquello que merecemos, pero pronto somos decepcionados ante la realidad. La vida solo otorga aquello que le reclamamos. Ante este hecho irrefutable, comprendí que la víctima lo es hasta que decide enfrentar al abusivo maltratante. Entonces me levanté en actitud combativa con la decisión tomada de no volver nunca más a bajar la cabeza ante mis detractores. Cansado de estos pseudo ministros que se jactan de reflejar una autoridad ciega que no sabe de razonamientos, no entiende nada ni escucha razones. Decidí escribir este libro para confrontar a los que, tal parece, olvidaron que ellos también fueron ovejas y cometieron errores antes de ser llamados líderes, misioneros, cantantes, evangelistas o pastores. Que jóvenes fueron y existieron ministros que le brindaron la oportunidad de equivocarse y, aun así, crecer.

Todos, alguna vez en este camino, necesitamos tener ejemplos a seguir. Yo los tuve y los tengo. Olvidar que muchos otros nos ven como ese ejemplo a seguir es vivir al borde del abismo espiritual. Muchos de estos quieren demostrar una gran autoridad al menospreciar un ministro como ellos, pero,

¿piensan en las consecuencias que conlleva estas absurdas demostraciones de poder ante los ojos de los demás? Quisiera que alguien me explicara cómo es que olvidan lo que es o no es ético. Es como si no recordaran de dónde Dios los rescató ni quiénes fueron en el pasado. Pues sé muy bien que todos mis títulos no pueden opacar que era un pecador como cualquier otro y que sin Él nada soy. Es por esto que se respeta hasta al niño que predica, me parece. Aprendí muy bien de mis padres que cada persona merece un respeto, aun cuando piense que esta es inferior. ¿Acaso cambiaron nuestros paradigmas?

Predicamos que en Cristo somos un solo pueblo y que no existen diferencias entre judío y gentil porque así lo escribió el apóstol Pablo a los gálatas. Ante esta verdad escritural, aún no entiendo cómo existen líderes que se sienten tan superiores como para coaccionar los derechos de otros ministros. Rehúso entender cómo pueden intimidar, difamar o hasta perseguir a un ministro de Cristo.

¿Su posición, trayectoria o experiencia ministerial les dan derecho a esto? ¿Un ungido es intocable? ¿No se puede confrontar, cuestionar, reprender o corregir?

1. Si cuestionar a un ministro está prohibido, ¿por qué Pablo cuestionó, incluso, reprendió a Pedro; y luego, registró el hecho en una carta como un ejemplo a los cristianos de Galacia? (Gálatas 2:11-16)

2. Si es cierto que no podemos corregir a un ministro, ¿cómo podemos obedecer Mateo 18:15; en donde Dios nos pide que exhortemos a cualquiera que sea nuestro prójimo y peque contra nosotros?

3. Si no le podemos señalar a un líder cristiano cuando comete errores, ¿cómo vamos a seguir Efesios 4:25; en donde se nos pide que hablemos la verdad con la gente que tenemos compañerismo espiritual?

4. La Biblia nos permite cuestionar a los ministros como también confrontarlos cuando lo registra en Tito 1:13: "Este testimonio es verdadero; por tanto, reprenderlos duramente, para que sean sanos en la fe".

Cuando se es seducido por los celos, se repite la conducta errónea de otros ministros cuyas historias se relatan en las Sagradas Escrituras.

1. Saúl, tenía obsesión por ser siempre el más importante (1 Samuel 15:12; 15:30; 18:6-8). Tenía tanto miedo de perder su posición que vivía en una constante preocupación. Eso lo llevó a implantar un opresivo sistema de gobierno sobre todo el pueblo de Dios para vigilar que nadie fuera a llegar a ser tan popular como él (1 Samuel 18:9-12; 19:1; 20:30-33; 22:17-18).

2. Jeroboam, por su parte, creó un sistema religioso para controlar a las multitudes y, así, seguir teniendo la posición cómoda y próspera de un rey. De esta manera, tendría ganancias económicas, un trato privilegiado y poder (1 Reyes 12:26; 28:33). El materialismo y la avaricia de Jeroboam lo llevaron a ejercer un autoritarismo tan fuerte que hasta agredió y persiguió a gente justa e inocente (2 Crónicas 13:8-9). Este tipo de control autoritario es altivez de espíritu, orgullo, celo y envidia en su máxima expresión. Es el ministro que, al olvidar su labor, anhela ser como una divinidad.

3. El Nuevo Testamento, en 3 Juan 9-11, narra la historia de un líder de la iglesia, llamado Diótrefes, un sujeto que expulsaba a los congregantes que no se sometían a sus caprichos. Él también difamaba a los que se oponían a sus maldades enseñoreándose de la iglesia. ¿Por qué actuaba así? El apóstol Juan nos dice en el versículo 9 que a Diótrefes le gustaba tener el primer lugar en la congregación. ¿Cuál fue su motivación?

Jesús de Nazaret no tenía una obsesión por controlar o celar a nadie a su alrededor. Tampoco elaboró una campaña de difamación para oprimirlos y hacerles volver al redil. Es más, preguntó a Pedro, junto a los pocos que le quedaban, si también ellos se querían ir (Juan 6:66-67).

Les recuerdo a estos que disfrutan de lastimar, interferir o perseguir a los que se levantan en el ministerio que somos considerados ejemplo a los creyentes. Por esta poderosa razón, debemos vivir lo que predicamos. Vivo para predicar que se debe dejar atrás esa doble moral que tanto destruye a los débiles en la fe.

1 Juan afirma: "El que dice que está en luz y aborrece a su hermano está todavía en tinieblas. El que ama a su hermano permanece en la luz y en él no hay tropiezo. Pero el que aborrece a su hermano está en tinieblas; y no sabe a dónde va, porque las tinieblas le han segado los ojos". Además, se nos exhorta en 1 Juan 2:6: "El que dice que permanece en él debe andar como Él anduvo". Esa actitud de arrogancia y altivez asumida por muchos en el evangelio, ¿es sinónimo de andar como Él anduvo?

De la misma manera, 1 Tesalonicenses 5:14-15 nos enseña: "Ninguno pague mal por mal; antes seguid siempre lo bueno unos para con otros y para con todos". De más está resaltar que creo en la prudencia de la generación según el ejemplo del pastorcillo David al evitar dañar aquellos que a su vez no deberían dañarles. No sé qué decisión tomes al finalizar la lectura de esta publicación, pues tampoco imagino si eres el atacante o la víctima emocional de este problema llamado "celo ministerial". Si fueras la desafortunada víctima, entonces debes reaccionar para tomar el control de tu vida y ministerio. Si por el contrario, eres el atacante y no tienes la valentía o la integridad de reconocer que es tiempo ya de limar asperezas con tu hermano en la fe, tu compañero del Santo Ministerio, no has entendido el propósito de esta ministración escrita.

La vida no te dará lo que mereces. La vida te dará lo que le reclames.

Como una consecuencia directa a esta problemática, es la misma Biblia la que aconseja que sin ningún temor le demos la espalda a este tipo de pseudo ministros. "Dejadlos. Son ciegos guías de ciegos; y si el ciego guiare al ciego, ambos caerán en el hoyo" (Mateo 15:14).

Tomé varios años para reflexionar y darme cuenta de que la vida solo me otorga lo que le reclamo. Al abrir el intelecto a esta realidad, decidí entonces escoger mis batallas porque muchas de ellas no valen el esfuerzo de pelearlas.

*Mira que te mando que te esfuerces
y seas valiente. No temas ni desmayes
porque Jehová tu Dios estará contigo
en donde quiera que tú vayas.*

Josué 1:9

CAPÍTULO 12

El Joven Pastor

El ministerio pastoral, en pleno siglo XXI, dejó de ser una simple vocación para convertirse en una profesión muy reclamada por la actual sociedad postmoderna. La labor polifacética de la pastoral trae como consecuencia que muchos de los ministros olviden la vocación por la que fueron llamados y se sumerjan en las responsabilidades de la profesión envolviéndose tanto en los trabajos de la obra que olvidan cumplir con el Dios de la obra.

Cuando fui llamado al ministerio, tenía una emoción enorme al saber que Dios me escogía. Aunque poseía credenciales de pastor, la realidad es que mi experiencia era ninguna, aun, cuando Dios en su sabiduría había estado presente en mi vida, sin saberlo. Desde aquella escuela bíblica de extensión en la que fui involucrado como maestro, aún siendo adolescente, su mano me sostuvo. La pasión junto a la motivación del ministerio me enamoraba más y más cada semana al ver el hambre espiritual de cada niño. Era una alegría incomparable la que sentía. El Alfarero me estaba moldeando sin saberlo. No es hasta el 28 de agosto de 1998 cuando entendí que cada paso del camino, hasta ese día, me había preparado para todos los retos que se avecinaban en esta nueva etapa pastoral.

¡Qué triste fue descubrir que esta emoción inicial del ministerio se podía perder! El pastorado es más que un trabajo. Es ser un ejemplo al mostrar el carácter de Dios en nuestras vidas. Conozco tantos compañeros que se han enfocado más en lo difícil y exigente, y muchas veces injusto, que es el santo ministerio, que perdieron aquella emoción inicial. Se han convertido en asalariados encallecidos, amargados, egoístas y protectores de sí mismos al punto de que les importa más su propio éxito y seguridad financiera que aquel mensaje que en un principio Dios les dio a predicar.

Todo lo que he expuesto antes fue un gran desafío a lo largo de estas casi tres décadas de experiencia pastoral. Mañana aun, la lucha continuará. Parece increíble, pero es una triste verdad. Como pastor general de El Lirio del Valle he sentido el impulso motivante de la victoria, pero también he sentido el mal sabor del desaliento en los momentos más inesperados del recorrido; tanto, que he necesitado sentarme a recuperar el aliento luego de terribles golpes que me han dejado mal herido y sin fuerzas para continuar.

Un día llegan heridos, cansados de pecar; Dios los justifica, los restaura, los santifica. Entonces, es mi labor pastoral abrazarlos como quien abraza a un indefenso y con un amor que, aun para mí mismo, es difícil de entender. Comenzar a educarlos, formarlos, capacitarlos, convertirlos en líderes, predicarles la palabra con profundidad con la intención de cosechar en ellos lo mejor. Y un día, así como llegaron, se van, sin previo aviso, sin un abrazo, sin una sonrisa o un simple gracias… porque ya no eres importante. Ahora se sienten grandes e independientes. El consejo ya no es sabio porque ese consejo destruye sus planes, ideas y proyecciones, así que por qué escuchar aquello que no quieren escuchar. Vivencias a solo unos pasos para cumplir veinticinco años de experiencia pastoral. Recuerdos de todos los que un día llegaron a mi corazón, pero decidieron partir. Muy pocos con mi bendición y una gran mayoría dejando tantas cosas atrás sin valorar responsabilidades, sin una palabra sincera, sin levantar la vista, se marcharon sin mirar atrás. Entonces con el alma doblada, el corazón en pedazos y con lágrimas amargas en los ojos, observar como tus huellas son borradas por el viento de la ingratitud. Así, y mucho más, es el ministerio pastoral…

Por años, afirmé con seguridad en las predicaciones que serviría a Dios con salud y sin salud, con familia y sin familia, con esposa y sin esposa, con casa y sin casa, con hijo y sin hijo, con dinero y sin dinero, con congregación y sin congregación…; pero, cuando encuentras que lo que predicabas se convierte en una realidad y comienzas a perder todo lo que amas, entonces surge una pregunta obligada: ¿Lograré vivir aquello que prediqué? La respuesta es Si… Sí, porque lo más doloroso es escuchar en ese silencio de la noche el eco de tu propia voz recordándote aquello que predicaste alguna vez. En ese momento, es cuando se llora descontroladamente al decir: "Dios, sin ti no puedo continuar".

Esa emoción inicial del ministerio se renueva en cada ocasión en que rindes tu voluntad ante Él. Ya en mi adultez, descubrí que nací luego de haber sido señalado por el Creador para ser ministro de su evangelio. Por eso, amo el ministerio, amo quien soy, amo lo que hago, amo lo que haré; y amo contar con su mano que me sostiene en el día malo.

¿Dónde estaría si me faltara Él?

Amar quien eres no siempre será suficiente motivación en un tiempo de profunda crisis espiritual como en el que vivimos, no podrás cerrar los ojos y creer que todo estará mejor cuando los abras. No, de esa manera no funciona. Tenía solamente

23 años cuando recibí la responsabilidad de aquella pequeña congregación. Aunque pocos en número, era un reto cada situación, cada mensaje predicado y cada proyecto a realizar entre tantos conflictos más. La meta era y es simple: lograr que gente imperfecta se acerque a la perfección.

Oración

Durante siglos, las iglesias que fueron levantadas en poderosos avivamientos lo lograron entregadas a la intercesión y en el amor al prójimo necesitado. En aquellos primeros años, necesitaba hacer tantas cosas; pero todo lo que era importante no necesariamente era imprescindible. De esta manera, dejé a un lado todo lo demás para enfocarme en lo necesario. Ese era el blanco. Cuando una iglesia no ora, aunque el ministro enseñe buenos estudios bíblicos, entregue hermosas predicaciones y la gente reciba un excelente discipulado, nada pasará. Nada, si Dios mismo no interviene (Efesios 6:18-19) de manera sobrenatural en el núcleo de la congregación.

La invitación estaba hecha y el Espíritu Santo comenzó a operar en medio de la Casa para las Naciones. Fue un tiempo de crecimiento, poder y gloria. Esto despertó la curiosidad de los demás. Dios estaba respaldando al joven pastor. Esto parece que no siempre es bueno porque la gente desea que seas exitoso, pero aquellos que son movidos por los celos ministeriales no desean que lo seas más que ellos.

Desde entonces, el "Lado Oscuro del Evangelio" toca a las puertas de El Lirio del Valle, cada cierto tiempo. Es poco importante recordar o narrar aquellos acontecimientos que de alguna manera resaltan la labor negativa de la serpiente antigua: Satanás, nuestro adversario.

Al contrario, te mostraré las estrategias que utilizo para destruir la barrera del "celo ministerial".

1. Aprendí a competir en mi contra para mejorar mi propio desempeño.
2. No me desenfoco ante los falsos líderes que no entiende la visión.
3. Reconozco a un verdadero líder y le extiendo la mano en pro de la misión.
4. Soy sensible a su voz y respondo a su llamado sin importar quien no crea.
5. Lucho contra mi voluntad cada día para que se realice la del Soberano.
6. Reconozco la Biblia como máxima autoridad ante todos los proyectos.
7. Practico con el ejemplo lo que enseño y lo realizo con pasión.
8. Permito que su Espíritu Santo moldee mi carácter en todo tiempo.
9. Me enfoco en la transformación del pecador por medio de la redención.
10. No olvido la importancia de la oración.
11. Hablo la verdad, a cualquier precio, sin temor a las consecuencias.
12. Acepto que los celos ministeriales son parte de la persecución que vive un verdadero ministro del evangelio y lo hago sin reproches.

De esta manera, he crecido hasta tener una relación sólida y fructífera con el Señor del Tercer Cielo. Así, es hoy; no sé cómo será mañana. Solo Él conoce aquello que será aunque hoy estoy seguro al afirmar que así es.

Intimidad pastoral

Como pastor, sé las luchas diarias que tenemos que enfrentar en la tarea de ejercer el pastorado. La cruda realidad detrás del ministerio es que muy pocos miembros de las congregaciones conocen la verdad que existe detrás de la vida pastoral. Muchos piensan que es un trabajo sencillo y fácil de ejercer. Esto se debe a la falta de quejas, al silencio y el don de oficio de aquellos compañeros que hacen ver su ministerio como algo manejable, corriente y sin dificultades.

Al trabajar como pastor, soy más que un amigo, consejero, confidente, guía, y ejemplo entre tantas cosas más. En el desempeño del deber, se obtienen dos experiencias muy contrarias y distantes entre sí. En lo personal, he vivido ambos momentos: alegría y tristeza. Como un hecho irrefutable, trabajar con gente es una de las más grandes satisfacciones que he tenido en la vida, pero a su vez es una de las frustraciones más terribles que he tenido que aprender a confrontar. El pastorado no es una tarea tan fácil como aparenta ser. Es un trabajo que desgasta, lo exige todo, hace que uno viva dentro de una casa de cristal y solo algunas luchas se comparten con la familia. La posición pastoral priva de hacer lo que hace el resto de la congregación. Se está continuamente bajo la crítica amenazadora de la opinión pública.

Frecuentemente, se lidia con problemas que, de interiorizarlos, producirán estados emocionales con efectos físicos y condiciones enfermizas que todo ministro podría evitar con tan solo desarrollar la capacidad de desconectarse en las horas del sueño. En realidad, es más fácil decirlo que hacerlo. Sé muy bien que, si es pastor, de pastor a pastor, usted me entiende.

Al momento de publicar estas letras, poseo veinticinco años de experiencia pastoral. Aconsejo a pastores como pastor. Tengo un corazón pastoral. Pienso como pastor. Hablo como pastor. En la pastoral he ascendido hasta la cima más alta del triunfo, pero también he descendido hasta el valle más profundo de las terribles luchas en este ministerio donde cada derrota, inesperadamente, se convierte en una nueva experiencia de *victoria* para que la excelencia del poder sea de Dios y no de los hombres (2 Corintios 4:7).

¿Quién entenderá los caminos no visibles del Invisible?

Deseo que el recorrido de estas páginas logre confrontar muchas de las problemáticas que enfrentamos en esta carrera. Que el pastor de experiencia se vea identificado mientras que aquel que inicia en esta escalada escabrosa pueda estar atento y le sirva de advertencia ante lo que le espera en su trayectoria ministerial.

El Ministerio es bueno. Es un privilegio concedido por el Dios que habita en los Altos Cielos. Honor inmerecido que se nos haya llamado a una tarea tan digna como lo es ser pastor de seres humanos, considerados ovejas. Personalmente, sé que he sido llamado por Él. Siento ese cálido fuego que arde con furia dentro de las recámaras de mi corazón y nunca he renegado del mismo. Ejerzo el pastorado con alegría y gozo. Enfrento las pruebas con tenacidad y valentía espiritual, siempre con firmeza ante lo desconocido, pues la verdad es que la queja no contribuirá en la mejoría de ninguna situación pasada o futura.

Hasta el presente, ninguno de todos los títulos o posiciones que he llegado a ocupar con esfuerzo humano o por la gracia de Dios tienen más prioridad en mi vida que el pastorado. Comencé siendo un predicador de pocas palabras, pero con grandes ansias de llegar a ser lo que ni siquiera sabía que sería. Aferrado a unas promesas del Todo Poderoso y lleno de preguntas me adentré en el inmenso mundo del ministerio; y así, descubrí al misionero, al evangelista y al maestro que habían nacido en mí. En aquellos años, siempre recordaba el llamado pastoral, así que no entendía qué estaba haciendo en este viaje a través de otros ministerios. Hoy comprendo que estaba siendo formado con pasión, el corazón de pastor que Él colocó en mí. Del ministerio pastoral se derivan todas mis otras funciones ministeriales y de seguro que de igual manera debe ser en su pastoral.

Amado lector, nunca olvide agradecer al Altísimo por haberle escogido y puesto en el ministerio. Realice bien la tarea pastoral. Ame su congragación, aun cuando sienta que hay ocasiones en que esto parece muy difícil. El Apóstol Pablo dijo: "… amando mucho, aunque así, sea amado menos…" (2 Corintios 12:15).

Compañero del Santo Ministerio, la satisfacción de ayudar a otros seres humanos, de ver sus vidas cambiar, de verlos crecer en su fe y hasta en sus propios ministerios por la dirección del Espíritu Santo, es en sí misma la mayor recompensa que podemos recibir en este mundo. Procuremos cada día presentarnos ante su trono como obreros que no tenemos de qué avergonzarnos (2 Timoteo 2:15) para alcanzar este logro al final del camino. La pastoral actual debería luchar contra las trampas del prestigio, poder, posición, colocación y celos ministeriales entre otros males para ser más como Pablo que anhelaba, con un furor apasionante, ser igual a Cristo.

Finalmente, aquel joven pastor que fui dejó de ser víctima del "celo ministerial" para rescatar a una nueva generación, enseñándoles el camino a seguir. Tú también puedes ayudar a iluminar, el "Lado Oscuro del Evangelio".

Vivimos en casa de cristal

Como joven pastor, y en muchas ocasiones con acciones inexpertas, pensé que en el mundo del "celo ministerial" todo era observado y expuesto a la ambición de ese compañero ministro que poseía el sueño de alcanzar tus logros ministeriales. Mi premisa siempre estuvo equivocada, pues si hay algo que la gente quiere ver, pero no quiere tener, es una vida familiar dentro de una casa de cristal.

Concédeme este paréntesis en el tema para explicar lo que es una vida familiar sin privacidad y como esto no es un ambiente saludable para aquellos que lo experimentan.

¿Por qué tenemos que compartir a papi? ¿Por qué mi esposo nunca está en casa? ¿Cómo el ministerio afecta la calidad de vida de mis hijos? ¿Es la familia del pastor diferente a las otras familias? Estas son solo algunas de las preguntas más comunes que escucho en referencia al entorno familiar de un pastor.

La mayoría de los pastores reconocen que las iglesias tienen expectativas elevadas sobre sus familias y, en la mayoría de los casos, muy difíciles de satisfacer. Otras familias creen que por su posición en la iglesia no pueden tener amistades íntimas. Mientras que unas han acoplado a su convivencia la responsabilidad de acompañar al pastor en su vocación de servir, haciendo de esta responsabilidad una carga insoportable y muchas veces detestable, otras se sienten integradas, totalmente realizadas colaborando en el Santo Ministerio; incluso, adoptan la pastoral por terceras y cuartas generaciones. Es decir que, al vivir en la casa de cristal, hay resultados de todas las formas como complicaciones de todos los tamaños.

Aquellos pastores que no se identifican con esta verdad simplemente aceptan haber escuchado a un compañero ministerial alguna vez quejarse del particular, pues este no es un secreto; más bien, es una situación recurrente a la que el cuidado pastoral debería atender con premura.

Vivir en una casa de cristal es lo mismo que vivir en una casa en la que un sinnúmero de personas tiene acceso y se toman la libertad de juzgar la limpieza, el orden y el buen o mal gusto en el hogar. Este es un lugar donde cualquiera irrumpe sin previo aviso a diferentes horas porque se tiene una necesidad o porque el visitante no tenía nada más que hacer. Cualquier persona razonable no quisiera vivir así y tendría la razón. A pesar de esta realidad, informes estadísticos reflejan que el 92% de los casos de las familias cuyo proveedor es pastor vive así: en una casa de cristal. Muchos creen que la casa del pastor significa la casa de la congregación donde vive el pastor y su familia. Con la mentalidad de quien define la casa pastoral de esta manera, la familia del pastor no tiene casa y vive sin intimidad alguna. Esta es una de las pocas cosas que no despierta el "celo ministerial" en el corazón del observador.

Si bien es cierto que todas las familias tienen problemas de ajustes en la pareja, de educación con los hijos, de disciplina, de colaboración, económicos, morales, espirituales, de temperamentos y caracteres variados, la familia pastoral no es la excepción. Estos se agudizan al pastor ceder la privacidad de su hogar. En muchas ocasiones, el pastor no quiere ofender la feligresía alegando su derecho a la intimidad y el disfrute familiar. Si este es el caso, y tú, amigo lector, entiendes que se viola el derecho de la privacidad familiar de tu pastor en tu congregación, te extiendo un llamado a defender ese espacio de privacidad. No solo para atender las situaciones de su propio hogar, sino también para disfrutar de un momento de tranquilidad y disfrute sin interrupciones. Las congregaciones deben tener en alta estima aquellos a quienes les presiden en el Señor. Esto, a su vez, despertará en el pastor y su familia el deseo de apacentar y trabajar en la grey de Dios con ánimo, entusiasmo y pasión sin resentimientos ni presiones innecesarias.

Estimado pastor, reclamar el derecho a la privacidad de tu entorno familiar no solamente es un beneficio para ti y los tuyos. Es tu deber para con ellos y con el pastor que te remplazará en los años futuros. Instruye y capacita a tu congregación. De esta manera, contribuirás al bienestar emocional de aquellos a los que amas. *Tu familia* será mejor…ellos lo recordarán y te lo agradecerán siempre.

Pastor, ¿y la pastora?

La experiencia como consejero me ha colocado en múltiples ocasiones frente a una y otra mujer llena de frustraciones al desconocer la influencia que posee por parte de Dios o por los celos ministeriales que sufre al estar junto a su esposo, el pastor.

¿Pastora? ¡Sí, el pastor es mi esposo! ¿Pastora? ¡Sí, el ordenado es mi esposo! ¿Pastora? ¡Sí, oficialmente, la iglesia no tiene pastora, su pastor es…! ¿Pastora? ¡Sí, el pago mensual llega a nombre de mi esposo, "el pastor"! ¿Pastora? ¡Sí, en los archivos del concilio y la correspondencia está solo el nombre de mi esposo, él es el conocido pastor de la iglesia! ¿Pastora? ¡Sí, al instalar a mi esposo en la congregación, se dirigieron solo a él! ¿Por qué, entonces, esto de que ahora me llaman pastora?

En cada ocasión, mi mente se traslada desde allí a muchas otras situaciones donde esa misma palabra fue pronunciada con cariño y agradecimiento por niños, jóvenes, e incluso adultos, a una mujer diferente a otras mujeres. Es, entonces, cuando siento en mi corazón una renovada gratitud al pastor de los pastores y de las pastoras porque un día la eligió y la llamó sierva.

Las confrontaciones en los matrimonios cristianos por causa de los casos de abuso espiritual se multiplican espantosamente en nuestro círculo eclesiástico debido a aquellos llamados que olvidaron al Dios que los llamó. Esta es una terrible verdad, difícil de aceptar. Pero sí, existen mujeres sufriendo una vida de supresión y desprecio por su esposo, aun siendo este pastor, pues el "celo ministerial" ha consumido su corazón convirtiéndolo en un ministro conforme al linaje de Saúl. Ministros que, sin entender el significado de la expresión "una sola carne", minimizan o menosprecian a su compañera en el ministerio reclamando una autoridad exclusiva. Este punto es absolutamente debatible, pues la Biblia dice en Génesis 2:24: "Por tanto, dejará el hombre a su padre y a su madre y se unirá a su mujer; y serán una sola carne". El ser una sola carne implica que cuando el Creador ve al que llamó primero al ministerio, de la misma manera y al unísono, ve también a su compañera y a la inversa.

Distinguida compañera de milicia, no puede usted dejar de reconocer que, desde ese primer paso en el Santo Ministerio, usted ha estado junto a ese hombre de Dios. Desde ese momento, comenzaron a orar juntos, a buscar juntos la voluntad del Señor en relación con esta nueva oportunidad de servicio en su obra. En el momento de aceptación a la pastoral, su esposo debió afirmar que estaba convencido de que era la voluntad de Dios aceptar dicha responsabilidad. En ese momento tal vez no le mencionó o tal vez, sí; pero, indudablemente, en esa respuesta también estaban juntos. Desde ese instante, "su esposo fue, es y será siempre su pastor". Quizás, usted resulte para él ser el miembro más difícil de todos a los cuales les tocó ministrar.

En ambos debería existir una gran satisfacción por el privilegio de poder referirse mutuamente, en medio de la congregación, a él como "pastor" y a usted como "pastora".

Reflexione brevemente y realícese un autoanálisis. Será imprescindible que sea honesta consigo misma ante esta realidad de ser llamada "pastora".

¿Le molesta que le llamen así? ¡No! ¿Está ocupando el lugar que solo le corresponde a su esposo, el "pastor"? ¡No! ¿Este título trae problemas en la iglesia? ¡No! ¿Es su actitud o acción una competitiva con su esposo, "el pastor"? ¡No! ¿Se sentiría más cómoda si le llamaran de otra manera? ¡No!

¿Por qué no, no y no? Su respuesta debería ser tan firme como tan sincera. El ser pastor no es un título, es un llamado, una misión, un ministerio; y a este llamado, misión y ministerio usted ha respondido con la misma actitud, con el mismo sentir de responsabilidad delante de Dios y de los demás que su esposo, "el pastor".

Así sucedió. Una mujer que dijo sí al llamado de Dios y un hombre llamado por Dios, que también le dijo sí, se conocen, se casan y son felices. Esta es la manera en que nos gusta que terminen todas las historias reales o ficticias. ¿Verdad? Todos tratamos recordar de cada historia solo el final feliz porque nos quebranta el alma recordar el dolor, la tristeza, la preocupación;

y aun la desesperación por la traición inesperada. Estos ingredientes, una y otra vez, se mezclaron para dar vida al carácter que se desarrolla en usted, muy en lo secreto.

Debo reafirmar que, como existen algunos ingredientes *amargos,* están también los *endulzantes* que traen a su vez la complementación de la satisfacción al estar dentro de la voluntad del Divino Creador.

Ser pastores no es una tarjeta de presentación o una credencial que se utiliza en ciertas ocasiones. La pastoral significa aceptar un estilo de vida distintivo, servir al Señor fielmente por llamado y vocación en todas las aéreas en que, como mujer, te corresponde actuar: hogar, comunidad e iglesia.

Esta realidad puede parecer bastante compleja, ¿verdad? ¡Y lo es!

Permítame referirme directamente a usted, esposa del "pastor". Usted que, si tuviera oportunidad de vivir otra vida y de recibir otro llamado, volvería a decirle sí a Dios, porque es una mujer enamorada del ministerio pastoral. Usted que es feliz en su llamado y vocación. Usted que se ha desprendido de sí misma para ser de Dios. Usted que se motiva en el ejemplo de otras llamadas pastoras para aceptar y amar el camino ministerial. Usted, esposa del "pastor", que me da la oportunidad de mostrarle mi admiración, gracias, "pastora," por compartir con el "pastor" las satisfacciones y frustraciones del "pastorado" cada día. Para usted, mi más sincero agradecimiento.

CRISIS

Los momentos difíciles y de inestabilidad, siempre, tocarán las puertas de nuestra vida, aunque nunca deseamos llamar por su nombre a estos eventos de *crisis.*

¿Qué hacer cuando no se sabe qué hacer? ¿Dónde buscar ayuda? ¿Cuál debería ser nuestro enfoque?

Es necesario reflexionar sobre nuestro caminar para poder entender nuestro proceder. En un Mundo de tantos afanes, debemos entender la importancia al detenernos y observar los pasos de nuestra vida para evaluar las *crisis* pasadas. Por difícil que sea de aceptar, las *crisis* agudizan la vista y el corazón porque trabajan directamente con nuestra formación y carácter.

Esta nueva realidad de enfoque nos hace notar que el tiempo pasa demasiado rápido, que vivimos en un entorno muy agitado, muy veloz y de una convivencia familiar con poca calidad. Lograr el balance en tiempos de *crisis* es bastante complicado para alargar el tiempo todo lo más que pueda para lograr resolver lo que necesito resolver: aquello que mi familia necesita, los proyectos a medias en la iglesia, aquello que los feligreses esperan de mí y aquello que realmente me gustaría hacer. Muchos de los compañeros del Santo Ministerio empezaron su labor con una gran motivación, llenos de optimismo y energía; pero al pasar los años, las *crisis* los desanimaron y perdieron la ilusión inicial. Tristemente, muchos permanecen en el ministerio, olvidando al Dios que le entregó el ministerio, solo por inercia o, en el peor de los casos, lo abandonan todos heridos, destruidos y sobrecargados de *crisis* emocionales.

Todo ministro descubre rápidamente que el trabajo en la obra del Señor no se acaba nunca. No existe un horario definido, la gente necesita atención siempre, en especial el día que intentamos tomarlo libre.

El verdadero ministro atraerá a las personas necesitadas, desprotegidas y quebrantadas, pues si todo les fuera bien, no nos necesitarían; pero tratar a la gente problemática con sus problemas es una tarea agotadora. Aun cuando no queremos reconocerlo, el cansancio se acumula y evoluciona hasta convertirse en una *crisis*. La gran contradicción es que creemos que estamos haciendo un trabajo eficaz. Es entonces cuando descubrimos la insatisfacción de un pequeño grupo porque no estamos haciendo lo que ellos esperan que hagamos. El trabajo ministerial es remar en contra de la corriente llevando con nosotros a cuanta gente sea posible. Aunque al principio es motivador, pronto nos desgastamos. Llevar al feligrés a una vida de discipulado puede ser extremadamente decepcionante. Algunos de estos, en los que invertimos tanto tiempo, se apartarán de nuestro cuidado, de la iglesia e incluso de Dios. Pero no debemos olvidar que hasta Jesús sufrió abandonos y decepciones. Así que, no debería resultar sorprendente que la gente nos abandone a nosotros también.

En 2 Corintios capítulo 4, el apóstol Pablo nos permite echar un vistazo a su visión del ministerio en la que nos muestra que el ministerio consiste en mantener una perspectiva correcta.

Ministerio es mantener una perspectiva eterna; el me coronará; es estar agradecido por la oportunidad de servir (No olvides lavar pies y amar aunque te amen poco); es mirar al Invisible rechazando el desánimo; es mantener una actitud positiva y jamás dejar de creer en formar discípulos.

El señor no suele dejar que un pastor vea el mucho bien que está haciendo... A veces, cuando más desanimados nos sentimos es cuando Dios nos está utilizando más. Permanezca fiel a Dios, entonces él se ocupará del resto. [1 Corintios 4:2] –Howard Sugden

A lo que *hoy* le llamas *crisis*, mañana le llamarás *testimonio*.

El mar del prejuicio

A fuerza de tropiezos, caídas y golpes, aprendí que todas las crisis se transforman en testimonios que hablan del gran poder del Invisible. Era agosto de 1998 y sentía que todo estaba en mi contra. El viento soplaba de manera contraria y la embarcación de mis emociones zozobraba en la inmensidad del temido mar del prejuicio. Acompañado por muchos en la embarcación de la soledad, las únicas expresiones que escuchaba a mi alrededor eran despectivas y acompañadas de simpatías traicioneras.

Lo que era para mí una virtud para los demás era una terrible debilidad. Sí, pues la juventud es admirada por muchos, pero despreciada por muchos más.

El prejuicio, esa opinión preconcebida generalmente negativa que se forma sin tener el conocimiento necesario para poder juzgar con rectitud una causa o una persona, deja un sabor de amargura difícil de poder superar sin la ayuda del Dios que llama.

A la deriva en ese vasto mar, golpeado con violencia, sentía que no tenía la suficiente experiencia para enfrentar tan difícil adversidad. De la profundidad del interior escuchaba el grito desgarrador del alma que decía: "No eres el indicado". Sinceramente, amigo lector, casi pierdo la lucha por escuchar el alma y no al espíritu. En el alma descansan todos los deseos y las emociones del individuo que aturden nuestra esencia espiritual.

El evangelista, el misionero, el pastor, el cantante, el profeta, el maestro, el administrador, el músico, en fin, ese siervo inútil que hay dentro de todos nosotros intenta sobrevivir en el mar del prejuicio, pero quien va a la deriva no sabe a dónde dirigir su embarcación. Por muchos años viví de esta manera. Incluso, conozco compañeros que por más de una generación han vivido igualmente. Aislados, compadeciéndose de sí mismos, llenos de resentimientos, complejos, frustraciones, amargando la existencia de los que les rodean en su soledad porque solo escuchan al alma perversa susurrar o gritar: "No eres el indicado". De esta manera, naufragan, pues olvidaron que el Dios omnisciente los escogió.

El trueno de su voz mandó a callar los vientos y a calmar la tempestad del mar del prejuicio. Fue como un estruendo que surcó los aires y paralizó la tormenta emocional en la que me encontraba. En solo unos instantes, las negras nubes se disiparon y el sol de justicia se hizo presente. Mis temores se acallaron, mi interior sentía la misma calma que se visualizaba en la superficie del antes embravecido mar; entonces comprendí la enseñanza detrás de la travesía. Los humanos tienen por defecto la actitud de prejuzgar quien eres sin nunca haber navegado contigo. A la misma vez, nos intimidamos por el juicio que levantan esos mismos que no han llorado en nuestras noches oscuras cargadas de inseguridades. Entonces, ¿por qué escuchar sus comentarios hirientes llenos de malas intenciones y de juicios mal infundados que no aciertan al pensamiento del Dios que nos ama? ¿Por qué?

Necesito reafirmar la enseñanza aprendida detrás de esta travesía.

El ministerio es un compromiso difícil de ejercer, complicado de explicar. Mucho más cuando tu vida está sumergida en el Cristo que exige que cumplas con el ministerio (2 Timoteo 4:5).

¿Ha visto alguna vez el equipo de remo en las Olimpiadas? Ellos no pueden ver la meta a la que se dirigen, pues están de espalda. Por lo tanto, mantienen sus ojos en el capitán. Él los guía. Él los motiva. Él les grita: ¡Remen, remen, remen!

El capitán marca la ruta y los mantiene en la dirección correcta. Así que, no tengo otra palabra para ti que no sea la que el espíritu de mi ser interior gritó con violencia cuando casi desfallecían mis fuerzas para continuar: ¡Vuelve a mirar al capitán!

JESUCRISTO…

Hermanos, yo mismo no pretendo haberlo ya
alcanzado; pero una cosa hago, olvidando
ciertamente lo que queda atrás
y extendiéndome a lo que está delante,
prosigo a la meta al premio del supremo
llamamiento de Dios en Cristo Jesús.
Filipenses 3:13-14

CAPÍTULO 13

Plenitud Ministerial

U n consejo desde lo profundo del corazón:
A ti que comienzas tu ministerio de predicación o tal vez eres muy joven, *no* desees impresionar en el sermón con los gritos o con los gestos de tu cuerpo. Lo más importante *no* es lo que intentes hacer para impresionar al que te ve y escucha, sino el *poder* de la Palabra de Dios en el corazón del oyente. *No* busques el éxito fácil. Debes pensar a largo plazo. Uno debe predicar durante toda la vida. La predicación es un ministerio sacrificado, difícil y exigente. La eficacia de la predicación *no* depende de la respuesta de unos pocos frente al altar en espera de una oración o un mensaje profético, sino de la suma total de tu trayectoria ministerial; es allí donde al final de tu vida se verá reflejado el éxito de tu ministerio. Ve arando y sembrando lentamente en el terreno ministerial hasta que seas sorprendido por el que te llamó con el fruto que germina a su tiempo.

Para esto no olvides dos cosas: la *paciencia* y la *perseverancia*.

Será importante que no sueñes ni construyas un ministerio amplio. Más bien, sueña y construye un ministerio profundo. Es mi deseo que entiendas esta gran verdad: los ministerios necesitan cimientos profundos, bien hondos porque es Dios el que se encargará de agrandarlos. No inviertas el proceso. Asiste a tu iglesia y siéntate a ser ministrado para que tengas la capacidad moral y espiritual de poder ministrar a otros como siervo que no tiene por qué bajar su cabeza ante los demás (2 Timoteo 2:15). Esta verdad sería ideal si fuera aplicada en nuestro tiempo actual, pero que mucho han cambiado las generaciones a lo largo de los tiempos. Esta generación de ministros contemporáneos se ha revelado lentamente, pero con firme persistencia contra todo lo que representa la sujeción. Esta fue una situación provocada por aquellos ministros que existieron, existen y existirán. Estos son los mismos que destruyeron, destruyen y destruirán a quien sea por medio del "celo ministerial".

Ante esta terrible realidad, es casi imposible no preguntar. **¿Será este hecho suficiente justificación para los llamados ministros de la nueva generación que, con actitud arrogante, desafían el sistema cuando *no* se educan, *no* escuchan a otros predicar, *no* se congregan o, en el peor de los casos, *no* se someten a ninguna autoridad?**

Estos son los mismos que desarrollan un elevado concepto de sí mismos al proyectar que por sus ocupadas agendas no les alcanza el tiempo de congregarse en una comunidad de fe donde, a su vez, podrían ser discipulados. Esto no es plenitud ministerial, esto es rebeldía y altivez de espíritu (Proverbios 16:18). Indoctos que predican un evangelio que ellos mismos no viven. Lo que es realmente lamentable es que el cuerpo de Cristo los acepta, los sigue, los invita y hasta los defiende. Tal parece que olvidó la iglesia de Cristo que, al aceptar su Señorío, renunciamos a la libertad de la independencia y doblegamos nuestra voluntad a Él como soberano. Sí, así como lo leyó: doblegamos nuestra voluntad. *El Yo Soy* es el *amo* y nosotros, sus *esclavos*. Por esto, el Apóstol Pablo dijo: "Ya no vivo yo, vive Cristo en mí" (Gálatas 2:20). Él nos compró a precio de sangre y reclama de nosotros derecho absoluto de propiedad, de control, de sujeción, de obediencia, de lealtad y de dependencia absoluta.

No necesitas promocionarte, hablar de ti mismo o proyectar un *super ministerio*. Esta *no* es tu responsabilidad, pues todo está en las manos del Señor; sólo él abre las puertas que nadie puede cerrar y cierra las puertas que nadie puede abrir (Apocalipsis 3:7). A quienes han dicho que solo intentan realzar la figura de Dios, debo responderles que el problema con esta afirmación es que Dios no necesita ayuda de ninguno de nosotros. Él es suficiente en sí mismo.

Sé fiel en el lugar donde Dios te ha puesto y *Él* te dará mayores responsabilidades cada vez que lo crea oportuno. Aprende a esperar. Recuerda que, *no* solo sobre el altar y detrás del micrófono, eres un ejemplo. *El ministro* es un ejemplo siempre.

Un camino largo llamado VIDA

Pensando con letras en una generación tan diferente aquella en la que crecí. Con profundo dolor angustiante debo resaltar que son generaciones tan dispares. Aún valoro cada palabra predicada, consejo o regaño recibido de aquellos mis pastores que ya no están físicamente y de mi pastor Víctor Ríos Rojas, quien todavía mentorea mi recorrido ministerial. ¿Cómo olvidar sus enseñanzas? ¿Por qué ignorar su sabiduría y hacer con él aquello que no quisiera que hicieran conmigo? Fui formado por la mano del Creador como una generación David. Honro a los Samueles que pasaron por mi vida y no lastimo a los Saúles que con furia arrojan sus lanzas con la intención de destruir.

La vida nos lleva por un camino difícil de recorrer. La adversidad es parte del camino y ante esta hay diversas reacciones: enfrentarla, negarla o huir de ella son solo algunas posibilidades. Se requiere en todo instante una profunda decisión de no volver atrás si deseas lograr o alcanzar algo significativo, pues las cosas sin valor no requieren ningún esfuerzo ni presentan ninguna dificultad. En el recorrido encontrarás ministros que tienen grandes talentos, pero no alcanzaron grandes metas, pues les faltó perseverancia. También conocerás quienes, en contraste son ministros, cuya constancia los ha llevado a grandes e inexplicables conquistas.

Nuevamente, te invito al análisis de dos monarcas cuyos perfiles fueron tan semejantes en tantas áreas como diferentes en muchísimas más. En esta ocasión, resaltaré las diferencias entre los entornos funcionales y disfuncionales de las familias del rey Saúl y el rey David.

Comenzaré por definir las características de una familia funcional para que, por deducción obvia, entiendas las características de aquellas que son disfuncionales.

Según la Dra. Mirtha de León Soto, la principal característica de una familia funcional es que promueve un desarrollo favorable para todos sus miembros, teniendo jerarquías bien estructuradas, límites claros, roles muy definidos, comunicación abierta y explícita, además de una amplia capacidad de adaptación ante los cambios. La familia funcional tiene la capacidad de manejar la proximidad y la distancia entre sus miembros simultáneamente logrando un contacto afectivo y cálido entre todos; pero, al mismo tiempo, siendo capaces de permitir que cada uno tenga sus propios espacios, sus actividades personales y su vida social independiente.

En un entorno funcional, a diferencia de uno disfuncional, se satisfacen, aunque sea de una manera mínima, las necesidades materiales de todo el núcleo como la alimentación, el techo, la salud, la educación y hasta la diversión. Este contexto, de una familia funcional, proporciona a sus miembros una sensación de pertenencia y aceptación que contribuye a desarrollar la identidad personal y la independencia de las personas que lo conforman. Sus vínculos emocionales son mayormente estables, sobre todo, en el caso de necesitarse para enfrentar una dificultad o amenaza como un sistema de apoyo y soporte; no por acuerdo previo, sino más bien por un vínculo emocional invisible e incondicional al que llamamos lealtad.

Estas son algunas de las características de una familia funcional:

- Se escuchan unos a los otros, hablando claro.
- Se aceptan las diferencias, los desacuerdos y los errores de cada uno con juicio crítico.
- Se acepta la individualidad.
- Se promueve la madurez.
- Todos se miran cara a cara cuando hablan.
- Hay armonía en las relaciones.
- Se demuestran y manifiestan mucho contacto físico entre unos y otros.
- Se hacen planes y todos disfrutan el compartir juntos.
- Todos son honestos y sinceros entre ellos.

En las familias *no* debería existir un "culpable". El funcionamiento de esta debería verse de manera circular. Lo que es causa puede pasar a ser efecto o consecuencia de, y viceversa. Esta es la clave que puede permitir llegar al centro de los conflictos emocionales y, por tanto, a la causa de la disfunción familiar para, entonces, juntos lograr que funcione.

Dejando en claro el comportamiento funcional versus el disfuncional, juntos podemos racionalizar que la familia de Saúl fue funcional mientras que la de David, disfuncional. Regresemos al análisis inicial. La vida de Saúl nos enseña cómo muchas veces la caída de un siervo de Dios atraviesa por un proceso lento y casi imprevisible. Y esto fue lo que pasó con Saúl, quien, en lugar de aprender de un verdadero siervo como Samuel, se dejó llevar por su carácter natural en un proceso que fue empeorando cada vez más. En esta oportunidad, analizaremos los procesos de cambios en la personalidad de Saúl que le llevaron a su caída aunque su familia funcional siempre estuvo presente. Ten presente este último dato porque es muy importante. La familia del rey Saúl siempre estuvo presente.

Toda la evidencia narrativa se encuentra en el primer libro de Samuel. Comenzaré el recorrido de la historia en donde Dios estaba a punto de revelar al que había escogido para ser el primer rey de Israel (10:19-23). Sin lugar a la duda, este es un asunto de suma importancia. De entre las tribus de Israel, se escogió a la tribu más pequeña, la tribu de Benjamín. De la tribu de Benjamín fue tomada la familia de Matri y de esta fue señalado Saúl, hijo de Cis. Ya el "elegido" había sido anunciado y la esperanza de toda una nación se percibía a flor de piel. Entonces, cuando todos están a punto de estallar en júbilo, se escuchó: ¡Saúl no está! No aparece por ningún lado. El gran rey señalado por Dios había desaparecido. Dice la biblia que lo buscaron y no fue hallado. Se escondió de tal manera que fue necesario consultar a Dios para ser encontrado. No había más tiempo, la nación no estaba jugando, pero Saúl estaba dominado más por su timidez y cobardía que por la solemnidad del momento. Saúl no tenía por qué tener miedo, no solo porque Dios lo había escogido, sino también porque le había dado todo lo necesario para confiar. Como lo diría el evangelista Antonio Marshall: "Saúl lo tenía todo a su favor: un cuerpo fuerte (10:23); conciencia de sí mismo (9:21); un nuevo corazón (10:9); poder espiritual sobrenatural (10:10); amigos leales (10:26); pero, sobre todo, los consejos y oraciones de Samuel. Sin embargo, aun con estas ventajas, fracasó miserablemente".

La verdadera razón de esto se encontraba en su interior. Es el propio hijo de Cis quien con su boca nos reveló el estado de su corazón auto conmiserativo, además de un bajo concepto de sí mismo y de los suyos. Observemos lo que había dicho ante el profeta Samuel cuando este le había comunicado que Dios le había escogido como el rey de la nación:

"¿No soy yo hijo de Benjamín, de la más pequeña de las tribus de Israel? Y mi familia, ¿no es la más pequeña de todas las familias de la tribu de Benjamín? ¿Por qué, pues, me has dicho cosa semejante?" (9:21).

Qué Saúl tuviera conciencia de su inferioridad no era el problema. Su problema fue que no tenía una comunión tal con el Todopoderoso que le permitiera ver más allá de su capacidad y posición. Comunión que sí tenían otros como Aarón, Josué, Samuel o David entre tantos más. Este último no tuvo ningún temor al enfrentar a un gigante que doblaba su estatura y su fuerza, ya que conocía un gigante más poderoso que pelearía junto a él (17:36-46).

Un ministro de Dios tiene que tener una relación de intimidad tal con su Señor que le dé seguridad y estabilidad a su vida. Saúl no la tuvo. Por esto, fue alguien muy inseguro y temeroso. Una vez que hallaron a Saúl (10:24), todos se impresionaron al contemplar que él los sobrepasaba en estatura. Tanto, que apenas le llegaban a los hombros. La Biblia dice que era joven y hermoso, que entre los hijos de Israel no había otro más hermoso que él (9:1-2). Con impresionante estatura y tal elegancia, todos debieron pensar en sus corazones: "Sin duda alguna, este es el elegido de Dios". Terrible desilusión la que enfrentarían después, al ver los problemas en que metería al pueblo y a su propia familia que *no lo abandonó*. Este último hecho es muy importante resaltarlo. Esto demuestra que, al mismo tiempo que trabajamos nuestra imagen ante los demás, debemos procurar trabajar firmemente nuestro carácter interno. Aquellos que son esclavos voluntarios de Dios deben trabajar las zonas internas de su carácter. Lo que otros crean no es tan importante como lo que Dios ve en nosotros (1 Samuel 16:7). A pesar de que Dios había avalado su reino, reconociéndolo públicamente y con una victoria frente a los amonitas, Saúl todavía demostraría que el miedo y la inseguridad en su corazón no habían sido superados (13:5-12). Esto le llevaría a formar otros defectos de carácter en su personalidad, acarreando serias consecuencias sobre sus decisiones. Saúl hubiera logrado que Dios ratificara su reinado ante el pueblo solo con pasar una simple prueba, pero sus constantes declives lo harían errar de manera absoluta. Samuel le había encargado que esperara siete días en Gilgal hasta que él mismo llegara para ofrecer los sacrificios antes de la batalla contra los Filisteos. Pero fueron tres los hechos que provocarían la desobediencia de Saúl, ya que fijó su mirada en estos puntos y no en la obra que Dios venía realizando en él.

A continuación, los tres hechos:

1. Los Ejércitos Filisteos se habían reunido con gran fuerza y un sinnúmero de soldados con armadura listos para la batalla.

2. Muchos desertaban al ver el gran poderío del ejército enemigo.

3. Al desesperar en la espera de Samuel que no llegaba, Saúl tomó su nefasta decisión de ofrecer holocausto (13:9), responsabilidad correspondiente a un sacerdote de Dios. Este hecho es señalado, por muchos, como el primer error rumbo al fracaso. Saúl no solo estaba demostrando su impaciencia, sino también un fuerte espíritu de autosuficiencia o altivez de espíritu.

Reflexiona en la descripción que realizó el escritor Henry Halley:

"El éxito se le subió pronto a la cabeza. La humildad cedió el puesto a la soberbia. Esto fue la señal del creciente sentimiento de autosuficiencia de Saúl".

Samuel llegó un instante después de que Saúl ofreció el sacrificio y al verlo le dijo: "Locamente has hecho. No guardaste el mandamiento de Jehová tu Dios que él te había ordenado. Pues ahora, Jehová hubiera confirmado tu reino sobre Israel para siempre. Mas ahora, tu reino no será duradero" (13:13).

Efectivamente, Saúl actuó locamente. Y tendría que sufrir las consecuencias. La paciencia es una cualidad inherente a la madurez. Cualquier ministro o candidato al Santo Ministerio debe tener la suficiente paciencia para producir en él constancia. Sobre todo, para guardar los principios de Dios, "...poned la mirada en las cosas espirituales y no en las de la tierra..." (Col.3:12). Aunque el mundo se esté hundiendo alrededor, aprende a permanecer templado.

Ahora que se sabe desechado debido a su desobediencia, Saúl comienza a dejar completamente sueltos todos sus defectos de carácter (14:23-29, 43-45).

Debido a su obstinado, arrogante e impulsivo corazón, se había vuelto tan descuidado que ahora sus limitaciones no solo le afectarían gravemente a él, sino también al pueblo y hasta a su propio hijo. Saúl había dado una orden bajo maldición de que nadie probara ni un solo bocado de comida hasta que haya tomado venganza de sus enemigos (14:24). Esta orden dada, revela nuevamente tanto su autosuficiencia como su incredulidad en Dios. Ciego por sus impulsos no midió las consecuencias de sus actos y ni siquiera se le ocurrió que la maldición proferida de su propia boca podría recaer sobre la vida de su hijo Jonatán, quien también estaba entre sus soldados. Efectivamente, así sucedió. La palabra narra que Jonatán se encontraba ajeno al decreto de su padre. Después de sus primeras batallas, él y sus hombres estaban exhaustos y hambrientos. Entraron en un bosque donde corría la miel por los árboles. Ninguno del pueblo se atrevía a comer, pero Jonatán lo hizo y recobró fuerzas. Tras esto, todo el pueblo se animó a comer. Cuando Saúl se hubo enterado de que Jonatán era quien había provocado esto, no le quedó más que cumplir su palabra y profirió juicio de muerte contra él; aunque el pueblo salvaría de morir a Jonatán por la gran estima que le tenían y por la victoria que les había dado en ese día. Este fue el segundo gran error de Saúl. Aquellos que representan a Dios en la tierra deberían tomar decisiones, siempre, con los ánimos calmados, con sabiduría y dependencia del Espíritu de Dios. Los arrebatos de ira, decisiones apresuradas y la actitud arrogante pueden causar serios daños en su obra y en los que amamos (Proverbios 16:32).

Por todo lo que pasó, diría que Saúl tuvo lo suficiente como para aprender la lección, pero *no* fue así. Ahora Dios le enviaría en una misión de juicio sobre Amalec. El encargo era claro: "Ve, pues, y hiere a Amalec, destruye todo lo que tiene y no te apiades de él; mata a hombres, mujeres, niños, aun los de pecho, vacas, ovejas, camellos y asnos" (15:3). Pero como saben, hizo lo contrario. Perdonó la vida a Amalec, perdonó lo mejor del ganado y tomó botín de lo que Dios había dicho que destruyera. Saúl había llegado al colmo de su rebeldía. A él no le importaba cómo Dios indicara que se hicieran las cosas, solo le importaba hacer las cosas a su manera; y por esto, fue desechado para siempre por el Señor (15:23). "El rechazo de Saúl lo causó él mismo:

1. Al ofrecer el sacrificio que solo un sacerdote podía llevar a cabo.
2. Al ordenar la muerte de su propio hijo.
3. Desobedeciendo el mandato de Dios de destruir por completo a un rey pagano llamado Agag y a su ciudad. Este evento fue muy significativo porque marcó el rechazo total de Saúl por parte de Dios (15:11).

Las Sagradas Escrituras aconsejan que es mejor obedecer que ofrecer sacrificios por nuestros pecados (15:22-23). Todos los defectos que podemos analizar de Saúl, en realidad, son defectos que casi toda la humanidad lleva en sí misma. No son estos defectos los que le llevaron a la ruina, sino que Saúl no supo lidiar con sus debilidades dejándose dominar por estas, en lugar de aprovechar las enormes ventajas que Dios le había dado para ejercer un buen liderazgo. Saúl no se preocupó por el pueblo ni por darles un correcto liderazgo que los guiara. Egoístamente, se preocupó de sí mismo, aun cuando esto implicó desestimar la palabra del mismo *YaHVeH* que lo colocó como rey de su nación (15:24). Todos tenemos limitaciones, defectos u obstáculos. David las tuvo y todos los hombres de Dios, también. El hecho no está en ver si los tienes o no, sino en aprender a lidiar con esos obstáculos emocionales y dominar las debilidades de la única manera posible: dependiendo de Dios como lo hizo David, Abraham, Jacob, Elías, Pablo y todos aquellos héroes como heroínas de la fe.

Toda persona tiene potencial para convertirse en líder, solo que primero tiene que identificar los defectos y obstáculos emocionales de su vida. Cuando Dios hizo a Saúl rey de Israel, recibió la unción de Dios para asumir el cargo de monarca. Definitivamente, tenía potencial para convertirse en un gran líder, aunque aún tenía defectos y obstáculos emocionales. Estos eran muchos: miedo, impaciencia, rechazo, impulsividad, celos, enojo, contiendas y manipulación (usó a su hija Mical). Es una verdad irrefutable señalar que todo líder tiene defectos y obstáculos emocionales en su vida.

La dificultad no es si tienes o no. El asunto es lo que vas a hacer con estos. La mayoría de los defectos de Saúl tenía que ver con la debilidad de su carácter, debilidad que a su vez lo llevó al límite del "celo ministerial". Aun, cuando fue desechado como rey, estaba muy preocupado por el qué dirán. Suplicó a Samuel: "Yo he pecado, pero te ruego que me honres delante de los ancianos de mi pueblo y de Israel" (1 Samuel 15:30). Como nunca logró dominar los defectos y los obstáculos emocionales en su liderazgo, Dios lo sacó del trono de Israel al desecharlo. Al final de la historia, se resalta una declaración del propio Saúl que confirma su falta de carácter:

"Yo he pecado, pues he quebrantado el mandamiento de Jehová y tus palabras porque temí al pueblo y consentí a la voz de ellos." (15:24).

Esta no fue simplemente una excusa, era la realidad. Una de las cualidades más imprescindible para el liderazgo es poner primero la palabra de Dios antes que el agrado a los hombres (Gálatas 1:10, Hechos 5:29). **En este tiempo final de tantos atropellos y celos ministeriales por parte de aquellos que se hacen llamar escogidos de Dios, es importante conducir a las ovejas hacia aquello que necesitan y no a lo que desean necesariamente.** Ten cuidado de pasar por alto tus defectos, los cuales lentamente pueden arrastrarte hacia la caída. La palabra de Dios es esencialmente importante para la formación y madurez del carácter. ¡No lo olvides!

Una tarde cualquiera, luego de una interesante entrevista que me realizara un amigo el evangelista José Luis Torres compartió conmigo un detalle relevante que en este punto de la lectura enriquecerá el proceso de comparación entre las familias de los dos primeros monarcas de Israel.

A pesar de lo difícil que fue el carácter y el liderazgo del hombre al que llamamos "el desechado", este gozaba de una familia funcional. Mientras que a David le llamamos "un hombre conforme al corazón de Dios", curiosamente, a pesar de la unción que cargaba el gran salmista de Israel, tenía una familia disfuncional. Del rey Saúl no conocemos escándalos con mujeres más allá de las posibles dificultades habituales dentro de la relación de pareja. Por el contrario, al observar la vida del rey David resalta el adulterio con Betsabé, la orden del asesinato de su soldado, el encubrimiento de su pecado y la mentira. En el entorno familiar de Saúl no encontraremos problemas entre sus hijos. Por el contrario, de los hijos de David conocemos que Amnón se enamoró de su hermana Tamar y, consumido de lujuria, la viola. Pero, a pesar de esta ser una ofensa tan grave, David no le hizo justicia a su hija Tamar por lo que su otro hijo, Absalón, mata a su hermano Amnón; y desarrolla una raíz de amargura hacia David que culmina en un fallido golpe de estado dominado por el odio y la ambición. Por otra parte, a pesar de estar dominado por los celos ministeriales, el rey Saúl se comportó tan bien con su hijo que aun Jonathan, sabiendo que este estaba mal en su actitud hacia David y la nación, le fue siempre fiel a su padre; tanto así, que murieron juntos en el campo de batalla. La historia familiar de David es muy diferente. Al final de sus días, está solo y sus siervos le pagaban a una moza para que calentase el cuerpo de este en su deplorable ancianidad porque, aunque había ganado el mundo, su familia nunca fue un apoyo determinante ante sus logros o desventuras.

Imagino que repetidas veces te haces las mismas preguntas que yo. ¿Por qué David fue tan menospreciado o ignorado por su familia? ¿Por qué ignoró David a su descendencia, aunque mencionó a su madre en algunas ocasiones?

Entonces, si imaginó correctamente o acabó de activar tu curiosidad, continúe la lectura en busca de estas y otras respuestas de la vida del rey David.

Volvamos a comenzar desde el momento en que Dios guio al profeta Samuel hasta el pueblo de Belén, donde Dios le prometió que iba a encontrar al nuevo rey para reemplazar el gobierno de Saúl (16:4-13). Al menor en una familia, por lo general, no se le consideraba en el pasado o en el presente para desempeñar un papel de liderazgo ni se espera mucho de él en comparación con sus hermanos mayores. David parece no estar emocionalmente cerca de su familia. Él ni siquiera fue llamado a ser parte de la reunión familiar. Su tarea asignada era la menos importante. Incluso, para algunos en esta época era despreciable: cuidar de las ovejas. Esto sugiere la existencia de presiones dentro de este sistema familiar que hicieron rechazarlo y él, a su vez, ignorarlos.

Había un gran y oscuro secreto en la vida de David del que muy pocas personas son conscientes al presente. No porque

David trató de mantenerlo en secreto, sino porque muchos simplemente no han podido conectar los puntos. Cuando estudiamos la vida de David, hay una serie de pasajes bíblicos que al principio parecen bastante desconcertantes. Uno de estos pasajes es 1 Samuel 16:1-13. Dios acababa de rechazar a Saúl como rey de Israel y comisionó al profeta Samuel a ungir a uno de los hijos de Jesé, Ishai, más comúnmente llamado Isaí de Belén, como el siguiente rey. Samuel se acerca a los ancianos de Belén y la reunión quedó organizada. Una vez que Jesé y sus hijos se habían reunido, Samuel rápidamente se dio cuenta de que ninguno de los muchachos delante de él era el elegido. Posiblemente, en medio de un silencio profundo y con una mirada de incredulidad, Samuel interrumpe el silencio al preguntar si existían otros hijos a lo que se le respondió que aún faltaba el más joven. ¿Dónde se encontraba David? Pastoreando el rebaño, disfrutando del sonido hermoso del arpa y muy aislado de todo su entorno familiar que en nada contribuía a su armonía emocional. Lo demostraré más adelante. Samuel no solo ordenó que trajeran a David, sino que, incluso, enfatizó que nadie se sentaría a la mesa hasta que el más insignificante y menor de la casa se sentara con ellos (1 Samuel 16:11) delante de él. No fue hasta entonces que ungió al joven pastor como el segundo monarca de Israel. Esta es la razón por la cual David cantaba en el Salmo 23: "… dispones ante mí un banquete en presencia de mis enemigos. Has ungido con perfume mi cabeza; has llenado mi copa a rebosar" (*NVI*).

Desde siempre, sentí curiosidad sobre la razón que mueve a la familia a no incluir inicialmente a uno de sus componentes o al joven pastor a llamarles enemigos. Tradicionalmente, la mayoría cree que David fue omitido porque era el más joven, pero no creo que esta teoría se sostiene bajo el escrutinio más cercano de la investigación Bíblica.

Cuando Samuel se acercó por primera vez a los ancianos de Belén, reza la Biblia que estaban "temblando de miedo" (versículo 4). Estaban aterrorizados con la presencia del profeta. Así que, cuando Samuel pidió una reunión especial con Ishai y sus hijos, se esperaba que todos aparecieran. Debió haber una razón muy convincente para que los ancianos, su padre y sus hermanos no hubieran invitado a David.

¿Por qué se excluyó a David? Se proporciona la respuesta a esta pregunta en el Salmo 51. El mismo que escribió ante las consecuencias caóticas de su adulterio con Betsabé. En el versículo 5, el rey David escribió: "He aquí, en maldad he sido formado y en pecado me concibió mi madre". Entonces, ¿qué David trató de decir en este versículo? Comúnmente, la mayoría cree que David estaba explicando que su aventura se debió a la naturaleza pecaminosa que acompaña a toda la humanidad debido al pecado original de Adán y Eva. Sin embargo, esto *no* explica por qué David cometió adulterio. Aunque todos los seres humanos tienen la misma naturaleza de pecado, *no* todos cometen adulterio.

Dejando a un lado las diversas interpretaciones teológicas, creo importante y relevante interpretar el versículo 5 simplemente como se lee "y en pecado me concibió mi madre". Exactamente dice aquello que significa que la madre de David lo concibió en un acto de pecado. Ella cometió adulterio y David fue el fruto de esta infidelidad. Esto explicaría por qué David no fue incluido inicialmente en la reunión con el profeta, juez y sacerdote de Israel. Técnicamente se podría argumentar que David no era un hijo legítimo de Isaí. A pesar de esto, *YaHVeH* incluyó a David como parte de la familia de Isaí de la misma manera en que Jesús fue considerado hijo de José aunque fue concebido por el Espíritu Santo.

¿Quién era la madre de David? Aquí es donde se pone interesante la investigación. En ningún lugar de las Escrituras, la madre de David es mencionada por su nombre. Esto es un poco inusual, ya que las madres de varios antiguos profetas y patriarcas no solo se mencionan, sino que muchas veces se escribió sobre ellas; siendo que desempeñaron un papel significativo en la educación de sus hijos como la madre de Moisés, Jocabed (Éxodo 6:20). Además de la madre de Samuel, Hannah, (1 Samuel 1:1-20) por mencionar algunas. Aunque la madre de David fue diferente como una posible esposa que cometió adulterio, ella trajo vergüenza sobre la familia de Isaí y no es de extrañar que su nombre fuera omitido en la historia bíblica.

Existen varias posibilidades sobre lo sucedido en ese núcleo familiar. Pudo ser que la esposa de Isaí tuviera un romance con otro hombre o que él mismo tuviera un romance con otra mujer esclava, casada o soltera. Aunque es imposible descartar que la madre de David fuera prostituta, ya que se acostumbraba que aquellos niños nacidos de relaciones ilícitas vivían con el padre. En el libro de los Jueces, resalta la historia de Jefté quien fue concebido cuando su padre Galaad tuvo relaciones sexuales con una prostituta.

Jefté, el Galaadita, esforzado y valeroso, era hijo de una mujer ramera. Su padre era de Galaad. Pero la mujer de Galaad le dio hijos. Y, cuando crecieron, echaron fuera a Jefté diciéndole: "No heredarás en la casa de nuestro padre porque eres hijo de otra mujer". (Jueces 11: 1-2).

Aunque fue concebido a través de este ilícito encuentro sexual, Jefté creció en la casa de Galaad, su padre, quien asumió la responsabilidad de criar al niño. Pero la llegada de Jefté creó una difícil tensión con los hijos nacidos de la esposa legítima. Aquella atmosfera familiar debió estar llena de reclamos, desprecios y contiendas al extremo que, con el tiempo, expulsaron a Jefté de la familia para evitar que recibiera por derecho la herencia de su padre. Tomando en consideración la narración anterior, si la madre de David fue de la misma manera una prostituta, esto explicaría por qué no fue mencionada. Existiría la posibilidad de que, ante la petición del sacerdote de conocer a los hijos de Isaí, fueran los ancianos o sus medios hermanos los que motivaron a no incluir a David en aquella reunión tan importante.

El segundo monarca de Israel hace referencia a su madre una vez más en el Salmo 69 que es uno de los dos salmos más citado en el Nuevo Testamento. Los teólogos afirman, como creencia, generalmente, que el Salmo 69 refleja la vida temprana de David antes de la unción por Samuel. En el versículo 8, el joven del arpa escribe: "Extraño he sido para mis hermanos y desconocido para los hijos de mi madre". Es interesante cómo David parece hablar de dos grupos de niños. Estaba separado de sus hermanos, la familia de Isaí, y era un extraño para los hijos de su madre. Esto implica que ambos grupos de niños rechazaron a David. Apoyando la idea de que su madre era una prostituta con otros hijos o posiblemente una mujer casada, también con hijos, cuyo marido rechazó a David, esto obligaba a Isaí a cuidar de su hijo ilegítimo.

De hecho, la palabra utilizada para David como hijo en hebreo fue "mamzér" que, según la *Concordancia Strong Exhaustiva* – página 74 del diccionario de palabras hebreas y arameas número 4464, significa de una raíz que no se usa, sin alienar (trastorno que impide una existencia con la vida social - enajenamiento), mestizo, hijo de un padre judío y una madre pagana, bastardo o ilegítimo; y, de una variante de esta misma raíz, también podría referirse a una persona que ha venido de "adulterio con otro hombre u otra mujer", según sea el caso. David acentúa no ser incluido en las actividades familiares regulares como la alimentación. De esto es que puede tratarse el versículo 21 cuando David dice: "Me pusieron además hiel por comida y en mi sed me dieron a beber vinagre". Parece que los hermanos le hicieron tempranamente la vida miserable al que fue conforme al corazón de Dios.

Un detalle que falta extrañamente en el Salmo 69 es cualquier mención de la relación de David con su padre Isaí. Aunque no señaló a su padre biológico como la fuente de su miseria además de no encontrar ningún indicio de conflicto cuando Isaí le pidió a David que llevara comida a sus hermanos que estaban destacados en el campo de batalla ante los filisteos, tan pronto como David apareció en el área del combate, inmediatamente se ve la animosidad de parte de los hermanos del menor de la casa (1 Samuel 17:28-29). El versículo 3 del Salmo 69 también hace referencia a las horas pasadas llorando por el rechazo recibido al crecer debido al pecado de su madre. La infancia del niño escogido para reinar estuvo llena de menosprecios y soledad. Él mismo explica su frustración de ser castigado por un pecado que no cometió (69:4). Un detalle, aun, más revelador es que se convirtió en objeto de burla (69:26) cuando los borrachos cantaron acerca de su situación.

La vida de David también se convirtió en causa de risa, una burla, un bochinche de barrio. Lo particularmente doloroso fue que aquellos que "se sentaban a la puerta" lo usaron como un ejemplo de lo que sucede cuando las personas pecan. "… soy objeto de burlas. Los que se sientan a la puerta murmuran contra mí; los borrachos me dedican parodias" (69:11-12, NVI*).* El término "sentarse a la puerta" se refiere a los ancianos de la ciudad que sentados a las puertas realizaban juicio sobre las fallas y pecados de los demás (Proverbios 31:23 Deuteronomio 21:19, 22:15). Estos serían posiblemente los mismos ancianos de Belén que no creyeron necesario incluir a David cuando Samuel quería reunirse con Isaí y sus hijos.

David realza el hecho de sufrir vergüenza personal por el pecado de su madre, a pesar de que muy pocos al leer la Biblia logran entrelazar cada uno de estos pensamientos para poder clarificar el oscuro pasado de la infancia de uno de los monarcas israelíes.

Tú sabes mi afrenta, mi confusión y mi oprobio; delante de ti están todos mis adversarios. El escarnio ha quebrantado mi corazón y estoy acongojado. Esperé quien se compadeciese de mí y no lo hubo; y consoladores, y ninguno hallé (69:19-20).

A nadie le importó que el niño fuera el resultado inocente del pecado de su madre porque era una creencia judía que los niños podían ser castigados por los pecados de los padres. Considera como una evidencia del particular cuando los discípulos, al encontrarse con un hombre ciego, le preguntaron a Jesús si estaba siendo castigado por los pecados de sus padres o por sus propios pecados (Juan 9:2-3). Aunque rechazado por su familia y humillado por aquellos en su ciudad natal, Dios vio el corazón de David y cómo él respondió al desprecio que marcó su infancia.

Su carácter estaba en formación desde antes de saberlo como lo señala la Sagrada Escritura:

"Te haré entender y te enseñaré el camino en el cual debes de andar; sobre ti fijaré mis ojos". (Salmos 32:8)

Por difícil que sea de asimilar ese largo recorrido llamado vida, el mismo Diseñador de la Creación le capacitó para enfrentar los celos y la envidia de un rey desechado. A través de este análisis, obtenemos un profundo conocimiento de la naturaleza redentora del Padre Celestial quien usará a cualquier persona, a pesar de su pasado o herencia, siempre y cuando tenga un corazón dispuesto a humillarse cuantas veces sea necesario delante de Él.

Dile no a la conformidad

Diariamente encuentro personas con grandes talentos, pero no logran grandes metas porque les falta perseverancia de frente a la conformidad. Al escucharlos, puedes percibir con facilidad que poseen lo necesario para triunfar, pero se conforman con demostrar que pueden lograrlo, aunque no lo intenten. Están llenos de ideas, sueños y proyectos engavetados en el intelecto. Atormentados con la verdad, justifican con la mentira su diario vivir ante su falta de carácter para comenzar. El rey Salomón, en su libro de Proverbios, describe la conformidad como pereza, una evidente apatía para no realizar aquello que es meritorio realizar. En su propia opinión, el perezoso es más sabio que siete que sepan aconsejar (Proverbios 26:6). Esto empeora su perfil psicológico porque su condición le hace suponer que posee un aire de superioridad y, si las cosas no le han resultado según lo esperado, es entonces cuando se hace de la idea de que nadie le entiende o no recibe la ayuda que necesita. Según su razonamiento, "la culpa nunca es del conformista, la culpa siempre es de los demás". Esta clase de personas ambicionan y nada consiguen (versículo 14) porque son incapaces de aceptar su condición ambivalente ante los retos que llevan en su interior. Eran prometedores en esta larga carrera, pero en algún descuido se estancaron, se conformaron, olvidaron como luchar y dejaron de ambicionar el mañana ministerial. Propensos a la depresión, llenos de complejos, envidian los logros alcanzados por aquellos en su entorno. Totalmente desenfocados destruyen su propia vida ante la comodidad de esperar por aquello que deberían comenzar hoy mismo.

En algún momento, entre la niñez y la preadolescencia, la conformidad inundó toda mi existencia. Nada parecía tener sentido en esa época. No existía algo que fuera lo suficiente fuerte como para cautivar alguna motivación personal. Todo futuro era incierto y se encontraba en peligro ante aquella pereza difícil de erradicar. Mis padres, sin conocimiento de las desastrosas consecuencias, repetían casi a diario aquella dolorosa expresión: "Todo lo que comienzas, no lo terminas". Escuché tantas ocasiones esta frase que comencé a creerla hasta que formó parte integral de aquella baja estima reflejada en la mirada de aquel que no era niño, pero tampoco era adolescente. Hundido en el pozo de la conformidad cada ladrillo que lanzaban destruía cada vez más aquella ya maltrecha autoestima. Hasta el día en que *"me cansé de estar cansado".* Entonces, dejé de amar la pereza, tomé los ladrillos y comencé a construir una escalera. Aquella escalera alcanzó lo alto del pozo y la conformidad se hizo a un lado; entonces, todo se transformó. No lo sabía aún, pero aquella decisión formaría mi carácter. Acepté la responsabilidad de forjar un futuro de la mano del Invencible saliendo adelante sin importar las caídas que enfrentaría en el caminar. Ahora estaba en marcha. Ya había gritado con todas mis fuerzas: "Nunca más dejaré algo sin terminar". La convicción de su Santo Espíritu alentaba aquel entusiasta corazón y estaba seguro, al igual que hoy, de que no existe proyecto que no se pueda realizar una vez comenzado (Josué 1:9) porque así lo prometió el Rey de la Gloria.

Luego de una extensa búsqueda, creo pertinente resaltar a un hombre que de manera casi sobrenatural se enfrentó al conformismo y lo venció. Este héroe de la fe es el Apóstol Pablo, quien perseveró a pesar de todo. Recuerda que Pablo escribe la carta a los filipenses estando encarcelado, consecuencia de predicar el mensaje de Jesús. Este es un cristiano que varias veces ha vivido naufragios. Fue traicionado, abandonado, apedreado, en peligro de muerte muchísimas veces, menospreciado por los judíos y olvidado por los discípulos. Sin embargo, *no* murmuró de su llamado. Tampoco abandonó la fe o los caminos de la salvación ni su servicio a Dios.

¿De dónde surgieron sus fuerzas emocionales para perseverar hasta el fin? Proverbios 14:23 arroja luz sobre una posible respuesta: "De todo esfuerzo se saca provecho...". Esforzarte en la dificultad o en la oposición, pues esto traerá como consecuencia directa la formación de tu carácter. Aquellos que lo logran es porque sacaron fuerzas de su debilidad (Hebreos 11:34).

Perezoso, ¿hasta cuándo has de dormir? ¿Cuándo te levantarás de tu sueño?

Proverbios 6:9

Perfección

Perdido en el bosque oscuro y extenso de los celos ministeriales, me encontré por largo tiempo. Herido, asustado, lleno de temores, cansado de estar vagando sin rumbo, buscando una mano generosa que me ayudara a salir de allí. Así se encontraba mi niño interior. Esa misma situación me llevó a creer que jamás saldría de esa oscuridad que me atormentaba cada vez más. Los celos ministeriales a mi alrededor consumían las pocas fuerzas que guardaba cada vez que intentaba alcanzar aquella excelencia que era inalcanzable. Erróneamente escuchaba aquellas palabras provenientes de los mismos que no quisieron extender sus manos para ayudar; de los mismos que sonreían de frente, pero a mis espaldas envidiaban mi desempeño; y de los mismos que un día sonrieron conmigo, pero ahora se reían de mí. Siendo muy honesto, amigo lector, llegó el momento en que, ante tantos desprecios, malos tratos, humillaciones y decepciones, mi espíritu se inmunizó a la envidia de los compañeros del Santo Ministerio. En realidad, esta afirmación no era del todo cierta. Lo que no había descubierto es que aquella inmunidad adquirida no era lo suficientemente fuerte como para contrarrestar el mismo ataque una y otra vez. Sin importar cuantas veces creas haber podido superar los celos ministeriales, siempre llegará una caída repentina, una herida inesperada o el brote de unas lágrimas reprimidas que te recordarán que las fuerzas no vienen de ti, sino de Él (Filipenses 4:13).

Pero ahora, desde un enfoque diferente, analicemos la perfección que reclaman las ovejas (Juan 10:11-16) del buen pastor de este siglo. Esas ovejas que tanto dicen amar a sus pastores, que les elogian de manera desmedida frente a la congregación, aun, cuando sus hechos no son compatibles con sus palabras. Alguna vez creí ciegamente en este tipo de ovejas que sí aman, pero aman por conveniencia, beneficio o ventaja personal. Todavía al presente, intento engañar mi razón con cada nueva oportunidad que la vida me otorga de amar a aquellos que solo saben amar con fingimiento; aunque logré abrir los ojos ante esta actitud tan mezquina de algunos en la grey. Al presente, puedo afirmar con seguridad que soy pastor del que me ama como del que no me ama, del que me saluda como del que no me saluda, de aquel que habla positivamente de mi desempeño como de aquel que habla negativamente. Incluso, soy pastor hasta de aquel que movido por los celos ministeriales ambiciona la posición y la labor que realizo como de aquel que respeta y admira la labor realizada.

Es un hecho irrefutable el que ninguna oveja amará jamás a un pastor de la misma manera en que el pastor ama a la oveja. La razón es simple, aunque complicada a la vez: los pastores amamos de una manera que solo Dios puede entender porque ese amor nace del corazón que solo el Creador puede formar.

Permíteme contarte la historia de unas ovejas y su Pastor Perfecto:

*Después de una **búsqueda** de cientos de años, se encontró al **pastor perfecto**. Es el pastor general de la iglesia y complace a todos. ¿A todos? **Sí, a todos**. Predica exactamente treinta minutos y luego se sienta, Dios ya ministró. **No** habla ni regaña mucho. Condena el pecado, pero nunca hiere los sentimientos de alguien si este solo quiere hacer lo que quiere hacer. Trabaja desde la mañana hasta pasadas las doce de la medianoche haciendo de todo desde predicar, administrar y hasta barrer el templo. Gana cuatrocientos dólares a la semana cuando están disponibles. Si no los hay en el fondo, no hay problema, dice con tranquilidad. Aun así, contribuye con dólares constantemente a la iglesia porque siempre hay gastos imprevistos que deben ser cubiertos por alguien. Y, claro, nadie mejor que el **pastor perfecto** para hacerlo. Maneja un auto de modelo habitual, compra muchos libros, usa buena ropa y lo logra diciendo **que Dios es su sustento**. Nuestra iglesia es muy bendecida porque tiene al **pastor perfecto**. Él tiene una familia ejemplar. Nunca* se molestan por compartir al pastor en sus días de descanso, de reuniones especiales y en altas horas de la noche. Su familia **siempre** dice presente cuando nos comparten al **pastor perfecto**. Nunca dice no para contribuir con cualquier otra buena causa y ayuda al necesitado que pasa por su oficina a pesar de la interrupción en sus horas de estudio. Así es él. Se levanta como todo un ministro camino a otro lugar... Él es el **pastor perfecto**.

Tiene treinta y nueve años y pareciera que ha predicado cincuenta y nueve. **Que hermosa su pasión**. No lo imitaré, pero me gusta como predica. Desde el púlpito, se ve alto, pero es más bien bajo de estatura; corpulento, pero delgado; y bien parecido, pero feamente envejecido. Tiene ojos claros u oscuros, según sea el caso. Se parte el cabello a veces, y en ocasiones no. Del lado izquierdo, su pelo parece oscuro y lacio, del derecho castaño y ondulado. **No sé**. En realidad, pocas veces me detengo a observar su físico con detenimiento. Tiene un deseo ardiente por trabajar con los jóvenes y pasa el tiempo demostrando su amor a los ancianos. Siempre sonríe, aunque manteniendo un aire de severidad en su rostro, difícil de definir en él: la dulzura de la amargura, la alegría de la tristeza o el éxito del fracaso. Su silencio admirable ante la falta de quejas lo convierte en el **pastor perfecto**. Posee un gran sentido de la amistad que muchos confunden con debilidad. Sé que es el **pastor perfecto** porque nunca perderá el control. Jamás me gritará no importa lo que haga o hable de él. **El pastor perfecto** jamás hablará de mí. No importa si le faltara al respeto, jamás me lo faltará a mí. Él fue creado para ser humillado y guardar silencio. Hacer lo contrario sería la **decepción** más **grande** de mi vida, pero él **no** lo hará porque es el **pastor perfecto**.

Hace, atiende y devuelve mil llamadas al día de los miembros de la iglesia y hasta de otras congregaciones. Pasa mucho tiempo capacitando, evangelizando y haciendo misiones en otros países para llegar a los que **no** son miembros de su rebaño y, siempre que lo necesiten, estará allí. Es siempre reconocido por muchos, pues es el **pastor perfecto**. *Si lo necesitas, no dudes en llamarlo o buscarlo; siempre lo encontrarás en su oficina estudiando para el* **gran** *sermón del próximo domingo. No te preocupes en interrumpirle, es el* **pastor perfecto***; dejará sus estudios, te ayudará, y siempre estará listo para el sermón porque sabe que exijo una predicación cada vez mejor. Desafortunadamente, sobrecargado del trabajo, de las desilusiones, de las angustias y las murmuraciones.*

Ayer *sufrió un infarto masivo y murió, el* **pastor perfecto***. Hoy le enterramos en el cementerio nacional con una asistencia incalculable, hermosos carros fúnebres, adornados con cientos de flores. Llorando su sorpresiva muerte, cantamos sus alabanzas preferidas y recordamos su vida, entrega y dedicación a la obra del Poderoso Dios. Con poco tiempo para organizar todo esto que merecía, le honramos en su muerte como nunca lo hicimos en su vida, pero no hay remordimientos, no importa. Él decía* "**que era un siervo inútil**"*. Así que, ahora está mejor en el cielo. Además, estamos muy afanados y ansiosos porque la vida continúa y, por esa valiosa razón, necesitamos comenzar a* **buscar** *un* **nuevo pastor perfecto***.*

Tristemente, las **iglesias** *esperan de los* **pastores perfección** *mientras que Dios solo reclama* **honestidad***,* **transparencia** *y* **fidelidad***.*

-Anónimo

Imagino que ahora entenderás mejor la idea *"los pastores amamos de una manera que solo Dios puede entender porque ese amor nace del corazón que solo el Creador puede formar".*

Porque yo sé los pensamientos
que tengo acerca de vosotros,
dice Jehová, pensamientos de paz,
y no de mal, para daros el fin que esperáis.
Jeremías 29:11

CAPÍTULO 14

Un nuevo reto, Una nueva añoranza, Un nuevo horizonte

¡Reacciona! Abandona las excusas y enfócate en hacer lo que *no* has hecho antes.

Es muy posible que un líder igual que yo lastimara tu vida por los celos ministeriales. Desde un enfoque personal, me gustaría resaltar que soy un *sobreviviente*. Pero *no* siempre fue así. Para poder escribir estas letras, un día fui una víctima. Lloré, pensé en dejarlo todo, me ahuyenté y me encerré en la profunda oscuridad de la decepción. Entonces formé con mis temores barrotes de papel que lentamente hice más fuertes de lo que realmente eran. Vivía justificando toda inacción y teniendo compasión de aquel fracasado que predicaba victoria cuando sentía vivir en derrota. Gracias a las heridas que llevaba en el corazón, pensé que jamás podría alcanzar los logros que otros alcanzaban. En aquella época, no existía un libro como este que me ayudara a descubrir quién era realmente o todo lo que el Creador podía hacer. No conté con un amigo que observara más allá del *"yo público"* que todos conocían; y, por alguna razón que antes no entendía, Dios decidió no intervenir hasta el día en que casi desfallecían mis fuerzas.

Aquella noche, hundido en el olvido cerca de la salida del templo, gritaba en silencio: "Esta es mi última noche". Fue entonces cuando el predicador, el evangelista Ramón Galíndez, detuvo la predica y dijo: "Luis Rodríguez, Luis Rodríguez, Luis Rodríguez"; y, ante la mirada fija de la iglesia, bajó del altar de adoración, se acercó hasta la puerta de salida y allí mismo, el predicador que no me conocía, fue el canal de bendición que utilizó el Invisible para decirme: "Si todos te abandonaron, aún yo estoy". *Con solo diecisiete años, creí estar listo para dejarlo todo, pero el Poderoso Dios me alcanzó cuando otros me olvidaron.* Como consecuencia de aquella palabra profética, que no tengo intención de compartir en detalle, llevo décadas viajando por el mundo, dejando huellas en corazones sin esperanza, levantando manos caídas, fortaleciendo espíritus quebrantados y enseñando a muchos a romper débiles barrotes de papel que tantos hicieron fuertes en su adversidad. Hoy comparto con los que escuchan o leen mis palabras la manera en que pude vencer la adversidad logrando alcanzar la mayoría de las promesas que me hiciera el Padre Celestial, poco más de tres décadas atrás.

Es mi oración que, al momento de plasmar estas letras, se enciendan en tu frío interior como la llama de una hoguera en medio de un cruel invierno para que tomes la decisión de no ser más una víctima de "el lado oscuro del evangelio"; y decidas con voluntad firme ser parte del ejército que derriba parte de la muralla del "celo ministerial". Este es un momento perfecto para que analices este consejo. Comienza con lo que tienes y no te lamentes por aquello que te falta. La Biblia dice: "El que el viento observa no sembrará; el que mira las nubes no segará", (Eclesiastés 11:4). En otras palabras, si esperas las condiciones perfectas, no llegarás a ningún lugar. No pierdas el tiempo con dudas, preguntas y temores. Deja de analizar o esperar aquello que no tienes, dedícate de lleno a comenzar la visión que guardas en tu corazón. Acepta que los pasos que das hoy, por disparatados que parezcan, serán tu mejor preparación para los siguientes años que se aproximan. Simplemente hazlo con lo que tienes y crece donde has sido plantado. Los verdaderos guerreros no se rinden, no abandonan, por dura que sea, la batalla. Si los derriban, otra vez se levantan para continuar peleando. Los verdaderos guerreros jamás depositan su confianza en ellos mismos y no dependen de sus propias fuerzas, sino que su confianza está puesta en la promesa del Santo Dios que los llamó a la batalla espiritual de todos los tiempos.

Si lo piensas bien, siempre encontrarás un nuevo reto, una nueva añoranza y un nuevo horizonte que conquistar. Si tomas en cuenta que cada mañana son nuevas sus misericordias (Lamentaciones 3:22-23), despertarás con la alegría de volver a comenzar dejando atrás aquello que fue; porque nada es más importante que aquello que será. Perpetuar el recuerdo de un pasado oscuro y doloroso es morir lentamente en vida. Cada golpe, cada herida del pasado, dejaron muchas cicatrices en mi muy decepcionado corazón. El daño parecía irreparable, demasiado difícil de lograr olvidar. Entonces comprendí que necesitaba llegar donde todo comenzó: al Calvario, al Gólgota, al monte de la angustia y el dolor. Llegó el momento cuando el grito del silencio se hizo ensordecedor, el llanto de aquella baja estima fue asfixiante y el dolor intenso de la culpa bloqueaba todo sentido de la razón. Allí me encontraba, estancado en las arenas movedizas del pasado, de donde creí no poder salir jamás. El dificultoso recorrido desde aquel lugar donde todo comenzó de nada sirve si no estás en la disposición de rendirte ante el Creador. Esta verdad desgarradora confrontó mi condición. Hasta ese momento, fui una víctima que se compadecía de sí mismo: "El ministerio es difícil", "Nadie me ayuda", "No tengo suficiente conocimiento", "Otros lo hacen mejor". En comparación, Jesús de Nazaret dijo: "...si es posible pasa de mi esta copa, pero que no se haga mi voluntad, sino la tuya" (Mateo 26:39). Este es el mismo caso visto desde otro ángulo. Jesús clama al Padre y suplica por la posibilidad de hacer el proceso de otra manera, aunque reconoce casi inmediatamente su posición de sujeción al responder: "...pero que no se haga mi voluntad, sino la tuya". Esto es un ejemplo claro de abnegación. Si lo crees, entonces comienza a hacerlo, niégate a ti mismo, ahora; avanza, rinde tus sueños, entrega tu carácter, tu voluntad, tu orgullo, rinde tu vida por completo, abandona las excusas y muere (Marcos 8:34) porque todo lo que pospones hoy no lo alcanzarás mañana ni nunca.

Decide olvidar lo que está atrás y extiéndete a lo que está delante (Filipenses 3:13). Despierta cada mañana con una nueva ilusión, ama y disfruta lo que haces. No pierdas fuerzas en defenderte de gente que no quieren tu bien, concéntrate en tu labor y cosecharás éxitos. Escucha la voz del que te llamó, enfoca la mirada en la dirección correcta, cree en su promesa, demanda de Él la sabiduría, hónrale en el caminar, búscale en todo tiempo, esfuérzate cuando la batalla de la mente sea más severa, persevera cuando creas que puedas desmayar, coloca a sus pies la gloria y todo saldrá bien (Josué 1:8-9).

Misericordia inmerecida

Antes de nacer, el Divino Creador ordenó mis pasos, aprobó mi caminar y, sin saberlo, en cada una de mis caídas, él sostuvo mi mano. A mis cuarenta y cinco años, con el alma doblada ante la vergüenza de pecados pasados, no puedo dejar de llorar ante su misericordia no merecida. ¿Cómo se corresponde a un amor tan grande? No existe pago alguno para un amor así. Esta es la razón que me consume minuto a minuto para no poder esperar por los demás. Es un fuego que arde con una pasión que consume vorazmente el interior de los llamados (Jeremías 20:9). Es una sed espiritual que no se sacia, provocada por el calor del fuego metido en los huesos. Es un hambre de aventura que se necesita satisfacer sin importar la burla, las afrentas, el escarnio o la murmuración que en innumerables ocasiones nos hacen desfallecer. Ante esta realidad, en ocasiones aflora el pensamiento de no hablar más en su nombre; pero no se puede porque Él es más fuerte (Jeremías 20:7) y siempre vence. ¿Si no tengo como pagar su amor, cómo podría detenerme a esperar por aquellos que no se deciden a comenzar? Vivo con una ansiedad insaciable de hacer, de llegar, de compartir, de predicar, de lograr que otros entiendan que el tiempo se acaba, que todos debemos hacer, que las naciones están a nuestro alcance porque no existen sueños imposibles. *Lo difícil de los sueños es alcanzarlos porque cualquiera puede soñar, pero no cualquiera puede alcanzar sus sueños.* La razón es muy simple y complicada a la vez. La vida nos otorga la oportunidad de soñar, pero, cuando pierdes el entusiasmo, además de las fuerzas para enfrentar nuevos retos, porque piensas en lo difícil y en el poco apoyo que recibirás, envejeces emocionalmente porque dejas de soñar. Es entonces cuando esa mañana se convierte en una nueva mañana que con prontitud se convierte en la próxima semana, en el próximo mes, el próximo año; y la vida se convierte en un qué rápido se fue el tiempo, qué rápido creció, quien lo hubiera pensado, por qué no lo hice antes, ahora es demasiado tarde…;y comienzas a repetir la historia de todos los días, la misma que se puede convertir en la historia de toda la vida.

Hoy nos encontramos a solo unas cortas líneas de finalizar este recorrido a través del "lado oscuro del evangelio". Anhelo que, mucho antes de cerrar este libro por última vez, la llama del Espíritu Santo te haya renovado de tal manera que únicamente puedas recordar las heridas causadas por el "celo ministerial" para testificarles a otros que fuiste transformado para transformar. Si esta no fuera tu realidad, porque en este punto de la lectura aún sientes la pesada carga de las cadenas del pasado; y continúas escuchando como un eco retumbante en la consciencia a todos aquellos que con intención o sin ella marginaron tus emociones al decirte "que no alcanzarías tus sueños", detente un instante. Entonces, con rapidez, mira hacia atrás y entenderás que nada es demasiado complicado, difícil o inalcanzable. Vivir la vida es no temer a nada, es enfrentarnos a lo desconocido, atrevernos a luchar sin la garantía del éxito o la victoria, es arriesgarlo todo, aun sabiendo que es posible que, sin remedio, pierdas aquello que con sacrificio habías alcanzado. Aunque rendido en el suelo, tener la satisfacción de poder suspirar para decir en alta voz "lo intenté". Eso es…lo que realmente es vivir. Si no lo has experimentado, entonces, aún no has vivido.

En ese recorrido de la vida he caminado por extensos valles llenos de hermosas rosas que perfumaron aquel desempeño ministerial en refrescantes días de primavera. También llegaron las oscuras noches silenciosas en las que el tallo lleno de espinas de aquellas mismas flores, herían profundamente los pies al caminar. Cuando la voluntad cedía a la resignación, entonces como quien conoce que, aun, puede desmoralizar tu fe todavía más, soplaba la fría ventisca de un otoño que en ocasiones parecía no querer terminar. He corrido tanto y me esforcé por no detenerme; pero lo hice muchas veces y al detenerme no quería volver a correr hasta que su mano me impulsara; unas veces con ternura y otras con la rudeza que implica la disciplina de un Dios que supervisa nuestros pasos.

Al analizar aquello a lo que la sociedad describe como trayectoria, me doy cuenta de que en alguna ocasión logre subir a lo más alto de la escalada ministerial y en aquel lugar privilegiado, según la opinión de muchos, no me agradó lo que mis ojos pudieron ver. Ese culto de la sociedad eclesiástica a los títulos, donde se humaniza a Dios y se diviniza a los hombres. Una nueva clase de idolatría que exalta la grandeza de un ministro antibíblico cegado por la superficialidad de la fama, los aplausos y el reconocimiento. Una generación que proyecta una nueva variante en el mundo de los celos ministeriales: la envidia. Una generación conforme al corazón de Absalón: ambiciosos, caprichosos, altivos, arrogantes, ingratos, llenos de una falsa humildad, conocedores de todo y expertos en nada. Ciegos que dirigen a multitudes ciegas, vestidos con vestiduras sacerdotales, pero con corazones entenebrecidos por el pecado y cautivos por las obras de la carne (Gálatas 5:16-23). Una generación que olvidó al Dios que no comparte su gloria con nadie (Isaías 42:8). Ministros que no conocen el valor de ser ministros. Allí, en ese elevado lugar de la llamada elite ministerial, alguna vez me encontré y, cuando menos lo esperaba, en un "de repente" de Dios, fui traspuesto a lo más bajo donde se encuentran pastando las ovejas del Buen Pastor. Entonces volví a escuchar a las ovejas, volví a reír con las ovejas, volví a compadecerme de las ovejas, volví a oler a oveja, volví a encontrarme con mi oveja interior; aquella oveja que había olvidado que existía en mí porque estaba y estaré rodeado de la influencia de ministros que han olvidado que aún continúan siendo ovejas del mismo redil.

¡Despierta!

Todos los días, en oración ruego al padre por un despertar de su espíritu en esta generación. Un despertar a la sencillez del corazón, un despertar a lavar los pies del hermano, un despertar a honrar a la generación anterior, un despertar a los dones espirituales, un despertar a la revelación de su voluntad en este tiempo final que nos ha tocado vivir. Los celos ministeriales siempre existirán. Son parte de un lado oscuro en el evangelio que muchos quieren ocultar porque ellos mismos fueron víctimas; o porque no tuvieron la valentía de levantarse a defender a otros que hoy se encuentran muertos espiritualmente. Si llegaste a este punto de la lectura, entonces aún estás a tiempo para comenzar o revivir tu sueño estancando.

Finalmente, te comparto que alguna vez tuve un sueño y fue tan grande que al presente no he podido contemplar aún la infinidad del gran poder de Elohim…

Dime cuán grande es tu sueño y te diré cuán grande es tu Dios.

Bibliografía:

1. Warren W,. Wiersbe: Bosquejos Expositivos, obra completa, p. 224
2. Henry, Halley: Compendio Manual Bíblico, p. 223
3. Periódico Primera Hora, (2012)
4. Ibíd., p. 224.
5. Resumen extraído: Harold L. Willmington: Auxiliar Bíblico Portavoz, p.127
6. Las citas bíblicas están basadas en el Libro 1 de Samuel, RV.60.
7. Articulo/ Dean Smith: El Gran y Oscuro Secreto del Rey David/ diciembre 2016
8. *Concordancia Strong Exhaustiva* – página 74 del Diccionario de palabras hebreas y arameas número 4464
9. Reina Valera 1960
10. NVI - Nueva Versión Internacional
11. TLAI - Traducción en Lenguaje Actual Interconfesional

Acerca del Autor

Luis Rodríguez es presidente y fundador de la Universidad Teológica de Puerto Rico, pastor general de El Lirio del Valle y presidente de una fundación filantrópica que lleva su nombre. Por medio de la labor conjunta de estas organizaciones se han logrado construir 26 templos en Centro, Sur América y Europa. Como fruto de su mentoría resalta la formación de 30 pastores que al presente ejercen el Santo Ministerio.

Mi vida y ministerio han sido impactadas por el ministerio del Dr. Luis Rodríguez, al igual que la de cientos de ministros en el mundo. Su forma única y a la vez peculiar de no estorbar, más bien, habilitar, abriendo paso de esta forma a una nueva cepa de ministros en ascenso. He sido testigo de como se esfuerza cada año por armonizar sus funciones con un ministerio intereclesiástico mediante la enseñanza, la mentoría, la predicación y la impartición de conferencias con variados temas de capacitación y/o formación pastoral; en el ámbito nacional e internacional donde ha dejado sus huellas en 70 países a través de los 5 continentes habitados hasta el presente. Dios ha confiado a Luis el ministerio de impartir a otros la pasión por una vida de santidad y lo disfruta al máximo.

Evang. Leuyín García
Ministro Rector
Navegante de Tormentas

Próximos *Libros*

Gritando en Silencio . . .
El vacío que deja el Éxito

Dr. Luis Rodríguez

Pocos entienden el vacío que se vive en la cúspide del recorrido cuando descubres que la emoción inicial del Santo Ministerio se pierde, se termina.

Guía Misionera . . .
en las misiones no existen fronteras

Dr. Luis Rodríguez

¿Cuántas veces tuviste la oportunidad de haber leído un material misionero que fuera simple y funcional? Esta propuesta presenta sugerencias prácticas para el misionero con poca experiencia, pero lleno de entusiasmo y pasión.

Preferencias . . .
Cuando de lo vil y lo menospreciado escoge Dios...

Dr. Luis Rodríguez

Este es un análisis de las grandes contradicciones que existen entre la mente humana y la del Divino Creador. En Preferencias entenderás porque fue escogido un Samuel sin experiencia para remplazar a un Elí con extensa trayectoria, un Jeremías que no sabe hablar en vez de un Pasur que habla en nombre de un Dios que no a hablado, o un cojo a la puerta del templo en lugar de un sano alejado de su presencia.

SOBRE EL AUTOR

Dr. Luis Rodríguez

Es presidente y fundador de la Universidad Teológica de Puerto Rico, pastor general de El Lirio del Valle y presidente de una fundación filantrópica que lleva su nombre. Ha logrado construir 26 templos en Centro, Sur América y Europa. Dios ha confiado a Luis el ministerio de impartir a otros la pasión por una vida de santidad y lo disfruta al máximo.

www.editorialradikal.com

Made in the USA
Middletown, DE
27 October 2020